# 彩色圖解命理大全

## 目錄

# 自　序

我 1957 年出生在台北縣南勢角的房宅裡，父母親來自雲林西螺。在那時代背景外地求生活是正常的方式，家父就讀台北工專，曾有名言：「跟著牛車後面走，怎麼會進步？」隨著他的遷移來到台北，最讓我緬懷的是，他帶著我們背三字經，喜歡念朱熹那首詩：「少年易老學難成，一寸光陰不可輕；未覺池塘春草夢，階前梧葉已秋聲。」雖然早日捨報，仍然打動我們求上進的心願。再來是母親的勤勉持家，堅決讓我們兄弟姊妹求學，親恩之大，大於陽光青天與白雲！

本人與一般同伴同學，尋著讀書路徑，從興南國小，中和國中，板橋高中，逢甲學院，山野藝術大學，一路念到復旦大學博士班畢業，中間或有波折，不再贅述。適逢大元書局顏國民老師建議，把教書授課的檔案，集結成書，以利上課同學翻閱，才有此書籍的出刊，感恩有此機會報效國家社會，讓中國文化能夠實際的傳承，讓悲情的世間有真情的溫暖！

本書內容豐富多元，涵蓋三十六計、易經卦理、八字命理、二十四節氣、陽宅堪輿、測字訣竅、五行經絡養生、滴天髓精要、六十甲子納音、天干五行四時喜忌、地支神煞深論、十二星座等，皆以彩色圖解方式呈現。圖像，是初學者最直接且最深刻的理解，願本書能達到此功能和目的。

以此為自序之文，懇請各方前輩，先進之人士指導指教，惠予嘉勉，感謝感恩感動！

廖尉掬　謹誌於 2025 年 3 月 31 日

# 三十六計

講師:廖尉掬

1 瞞天過海

2一箭雙鵰

3 借刀殺人

4 以逸待勞

5 趁火打劫

6 聲東擊西

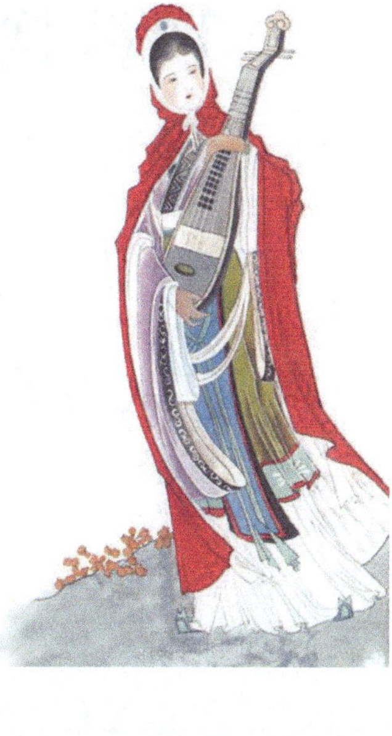

7無中生有

8暗渡陳倉

9 指桑罵槐

10 借屍還魂

11 順手牽羊

12 明知故昧

13 調虎離山

14欲擒故縱

15 釜底抽薪

16先發制人

17打草驚蛇

18 落井下石

19 虛張聲勢

20反客為主

21金蟬脫殼

22 移屍嫁禍

23 殺雞警猴

24 偷龍轉鳳

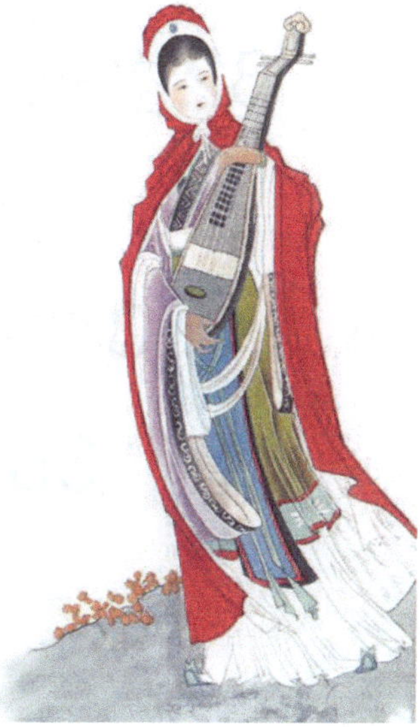

25擒賊擒王

26扮豬吃虎

27過橋抽板

28 李代桃僵

29 拋磚引玉

30美人計

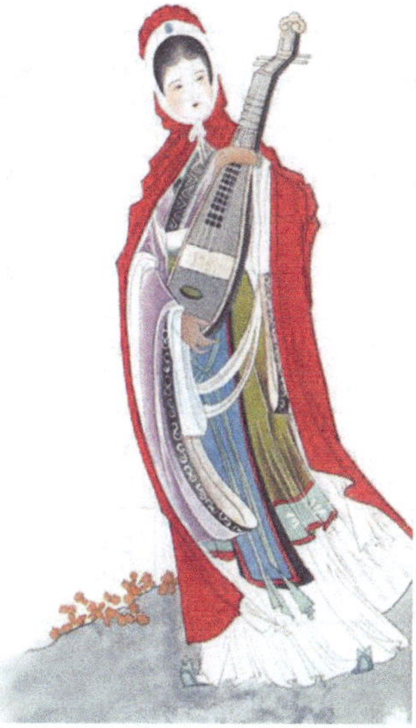

31 激將法

32空城計

33 反間計

34 苦肉計

35 連環計

36 走

# 三十六著

| | | | | | |
|---|---|---|---|---|---|
| 吃 | 喝 | 睡 | 坐 | 立 | 拾 |
| 笑 | 哭 | 罵 | 驚 | 蹴 | 彈 |
| 吹 | 泣 | 仰 | 俯 | 掩 | 撇 |
| 見 | 問 | 指 | 尋 | 攜 | 貪 |
| 癡 | 哀 | 樂 | 惡 | 欲 | 窺 |
| 察 | 取 | 愛 | 鬧 | 拍 | 踢 |

# 易經淺談

講師：廖德融

中國文化
擅長簡單的符號字句
表達深遠偉大的道理

# 貞常處變

## 廣大悉備　絜靜精微
## —易經

人類從開始有自由意志，
擁有覺性後，
便想探知未來。

上智者讀易如見日
中智者讀易如見月
下智者讀易如見星

天－乾　老父
地－坤　老母
山－艮　少男
澤－兌　少女
雷－震　長男
風－巽　長女
水－坎　中男
火－離　中女

## 八字與易經

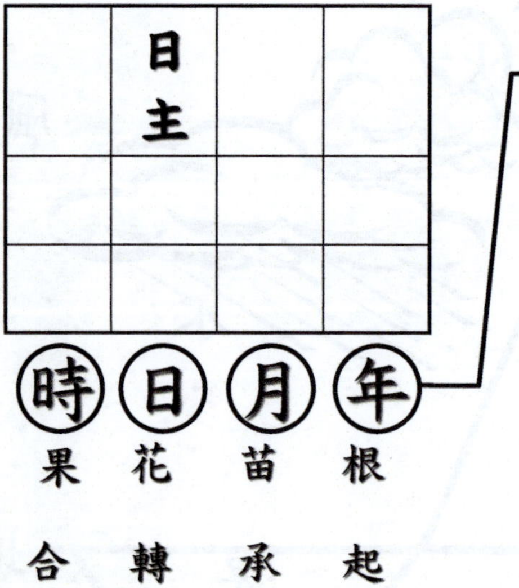


- 年：根本
- 月：內性
- 日：外表
- 時：結果

乾為天
天圜
君父
玉金
寒冰
大赤
良馬
老馬
瘠馬
駁馬
辰
寅
子
戌
申
午

坤為地
地母
布釜
吝嗇
為均
為子
母馬
大輿
文眾
柄黑
酉
亥
丑
卯
巳
未

# 水雷屯

坎

子
戌
申
辰
寅
子

# 山水蒙

離

寅
子
戌
午
辰
寅

# 水天需

坤

子
戌
申
戌
申
午

# 天水訟

離

辰
寅
子
午
辰
寅

地水師
坎
酉
亥
丑
午
辰
寅

水地比
坤
子
戌
申
卯
巳
未

# 風天小畜

巽

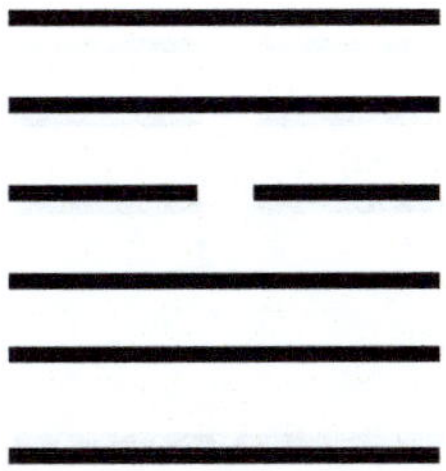

卯巳未戌申午

# 天澤履

艮

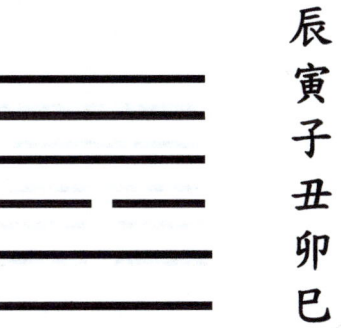

辰寅子丑卯巳

地天泰
坤
酉亥丑戌申午

天地否
乾
辰寅子卯巳未

火天大有
乾
巳
未
酉
戌
申
午

天火同人
離
辰
寅
子
亥
丑
卯

地山謙
兌
酉亥丑申午辰

雷地豫
震
戌申午卯巳未

# 澤雷隨

震

未
酉
亥
辰
寅
子

# 山風蠱

巽

寅
子
戌
酉
亥
丑

# 地澤臨

坤

酉
亥
丑
丑
卯
巳

# 風地觀

乾

卯
巳
未
卯
巳
未

火雷噬嗑
巳
未
酉
辰
寅
子
巽

山火賁
寅
子
戌
亥
丑
卯
艮

# 山地剝

乾

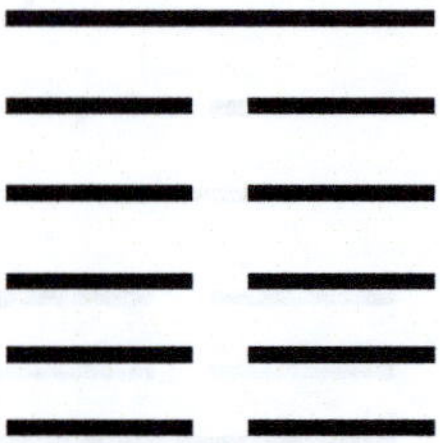

寅子戌卯巳未

# 地雷復

坤

酉亥丑辰寅子

天雷無妄
巽
辰
寅
子
辰
寅
子

山天大畜
艮
寅
子
戌
戌
申
午

# 山雷頤

巽

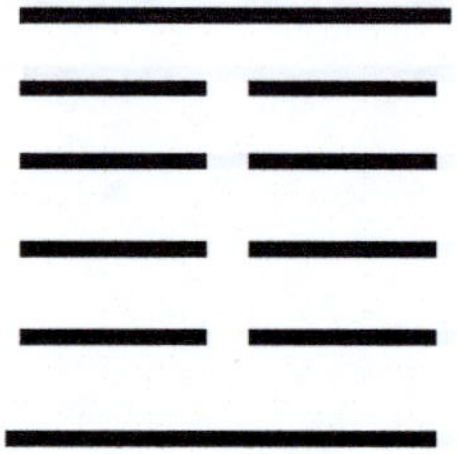

寅
子
戌
辰
寅
子

# 澤風大過

震



未
酉
亥
酉
亥
丑

# 坎為水

溝瀆
矯輮
弓輪
中男
加憂
耳疾
膀胱

子戌申午辰寅

# 離為火

火日
電
中女
甲冑
戈兵
鱉
蟹
蠃
蚌龜

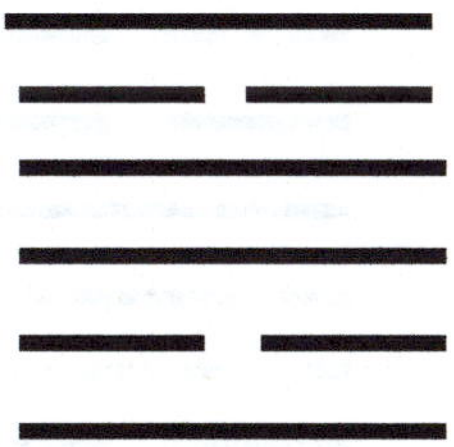

巳未酉亥丑卯

# 澤山咸

兌

未
酉
亥
申
午
辰

# 雷風恆

震

戌
申
午
酉
亥
丑

天山遯
辰寅子申午辰
乾

雷天大壯
戌申午戌申午
坤

# 火地晉

乾

巳未酉卯巳未

# 地火明夷

坎

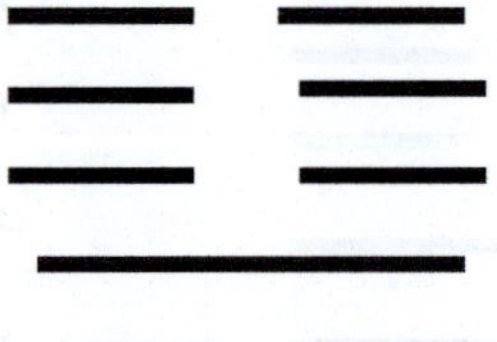

酉亥丑亥丑卯

風火家人
巽
卯
巳
未
亥
丑
卯

火澤睽
艮
巳
未
酉
丑
卯
巳

水山蹇
兌
子
戌
申
申
午
辰

雷水解
震
戌
申
午
午
辰
寅

山澤損
寅子戌丑卯巳
艮

風雷益
卯巳未辰寅子
巽

# 澤天夬

坤

未
酉
亥
戌
申
午

# 天風姤

乾

辰
寅
子
酉
亥
丑

澤地萃
兌
未
酉
亥
卯
巳
未

澤水困
兌
未
酉
亥
午
辰
寅

地風升
酉
亥
丑
酉
亥
丑
震

水風井
子
戌
申
酉
亥
丑
震

# 澤火革

坎

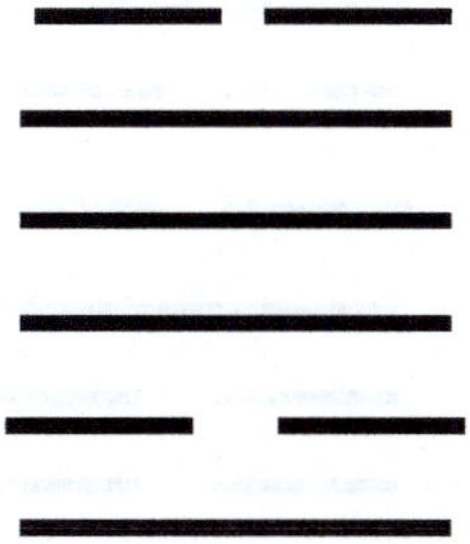

未
酉
亥
亥
丑
卯

# 火風鼎

離

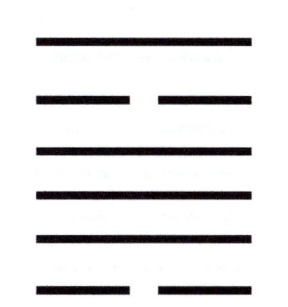

巳
未
酉
酉
亥
丑

# 艮為山

山
徑路
小石
門闕
果窳
閽寺
指狗
鼠
黔喙

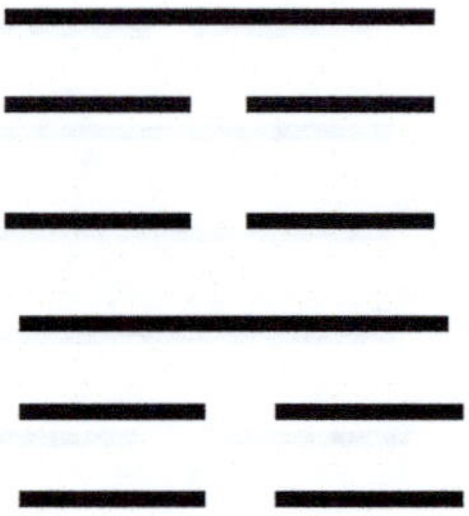

寅
子
戌
申
午
辰

# 震為雷

雷龍
玄黃
大塗
長子
決躁
蒼竹
善鳴
為健
蕃鮮

戌
申
午
辰
寅
子

風山漸
艮
卯巳未申午辰

雷澤歸妹
兌
戌申午丑卯巳

# 雷火豐

坎

戊
申
午
亥
丑
卯

# 火山旅

離

巳
未
酉
申
午
辰

木
風
長女
繩直
白工
長高
進退
寡髮
廣桑

# 巽為風

卯
巳
未
酉
亥
丑

少女
口舌
巫
毀折
取悅
剛齒
妾
羊

# 兌為澤

未
酉
亥
丑
卯
巳

# 風水渙

離

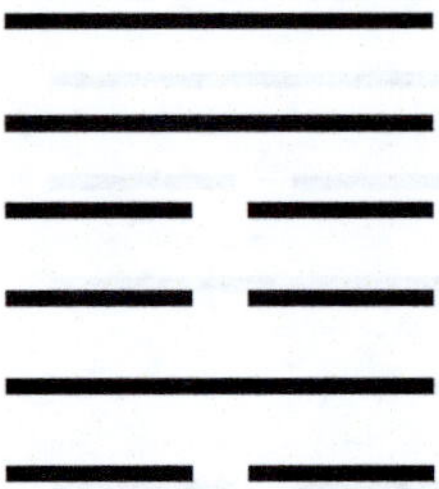

卯
巳
未
午
辰
寅

# 水澤節

坎

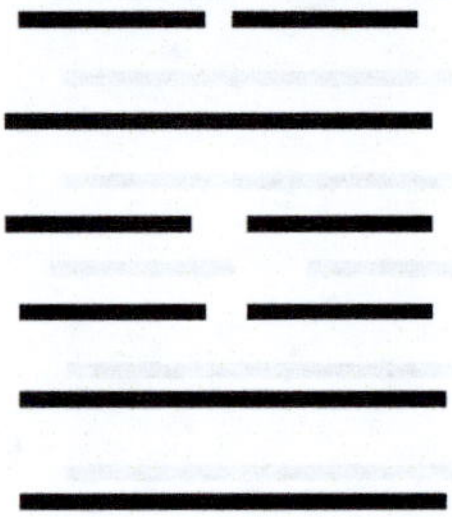

子
戌
申
丑
卯
巳

# 風澤中孚

艮

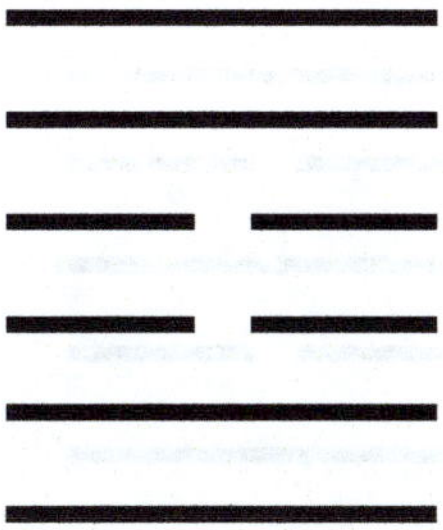

卯
巳
未
丑
卯
巳

# 雷山小過

兌

戌
申
午
申
午
辰

## 水火既濟

坎

子
戌
申
亥
丑
卯

## 火水未濟

離

巳
未
酉
午
辰
寅

知人和之所求
明事理之變化
曉時運之流轉
熟地利之吉凶
化物換之盛衰

贏家從問題中
看到 答案，
相信答案
輸家在答案中
尋找問題，
擴大問題

# 人生如何更美好

最持久的方式：

<u>文學和藝術</u>

最快速的方式：

<u>商業和政治</u>

- 讀書人士　智慧閃光
- 農作耕耘　節候觀測
- 工匠製造　應時變化
- 商業契機　財源廣進
- 政治權謀　管理統御

祝各位家人

財源廣進

吉祥如意

# 八字命理

講師：廖尉掬

- 八字學是根據個人出生之年月日時換算成天干地支。也就是所謂的四柱，即年柱月柱日柱時柱，共有八個字再依照其互相之間的關係而判斷此生日者一生之命運的一種學問。有正陰陽五行和神煞之派別流行於社會，是一種占卜術，很多術數之學問都有其間接之影響力，然而以人文立場還是八字學最精湛奧妙，耐人尋味。

陽:男 日 奇 進 上 左 腑
背 凸 明 （眾所周知）

陰:女 月 偶 退 下 右 臟
腹 凹 暗 （不為人知）

十天干：

甲乙丙丁戊己庚辛壬癸

萬物之表象　人事之理法

十二地支：

子丑寅卯辰巳午未申酉
戌亥

生命之蘊涵　心性之變化

甲乙丙丁戊己庚辛壬癸 (x6)

子丑寅卯辰巳午未申酉戌亥

(x5)

公倍數＝60

| | | | | |
|---|---|---|---|---|
| 甲 | 乙 | 丙 | 丁 | 戊 |
| + 木 | − 木 | + 火 | − 火 | + 土 |
| 己 | 庚 | 辛 | 壬 | 癸 |
| − 土 | + 金 | − 金 | + 水 | − 水 |

| 子 | 丑 | 寅 | 卯 | 辰 | 巳 |
|---|---|---|---|---|---|
| 水+ | 土− | 木+ | 木− | 土+ | 火− |

| 午 | 未 | 申 | 酉 | 戌 | 亥 |
|---|---|---|---|---|---|
| 火+ | 土− | 金+ | 金− | 土+ | 水− |

甲+ 乙−（木）
丙+ 丁−（火）
戊+ 己−（土）
庚+ 辛−（金）
壬+ 癸−（水）
（陽）（陰）

甲木:棟樑之木　乙木:花果之木

丙火:太陽之火　丁火:燈燭之火

戊土:城牆之土　己土:田園之土

庚金:斧鉞之金　辛金:首飾之金

壬水:江河之水　癸水:雨露之水

甲己(合土)中正之合
乙庚(合金)仁義之合
丙辛(合水)威制之合
丁壬(合木)淫暱之合
戊癸(合火)無情之合

木 擴張性(條達)

火 上炎性

土 往來性

金 收斂性

水 向下性

1 ml
18 ml
28 ml
2400 ml

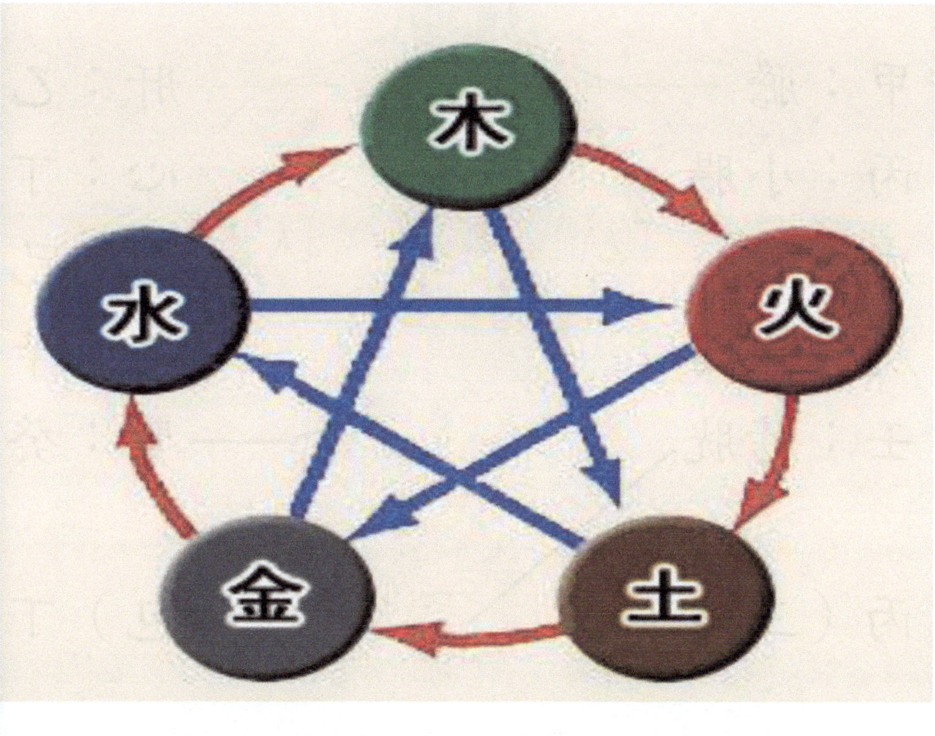

# 排八字：

- 日主先定位(日主當家)
- 月令確定(注意節氣前後)
- 年柱(立春前與後不同)
- 時柱(以日主對時辰)

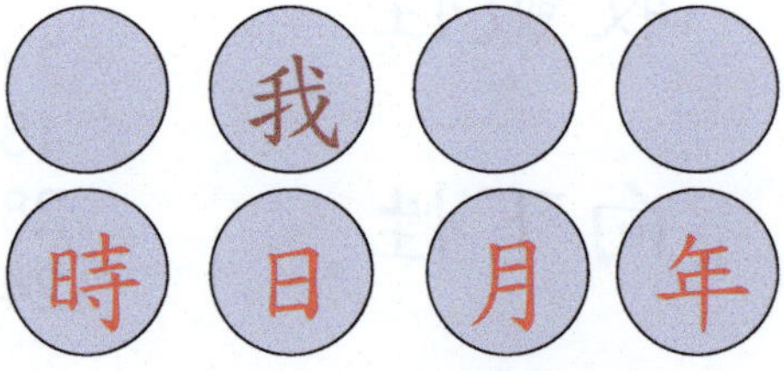


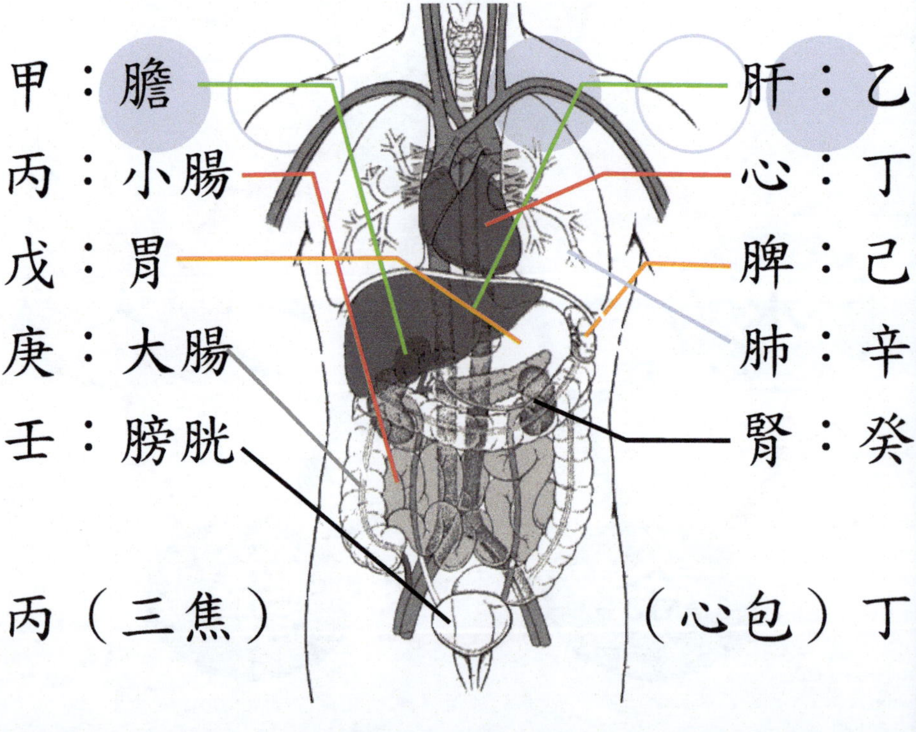

南方 夏火

巳− 午+ 未− 申+

辰+ 酉−

卯− 戌+

寅+ 丑− 子+ 亥−

東方 春木

西方 秋金

北方 冬水

| | | | | | |
|---|---|---|---|---|---|
| | 09-11 | 11-13 | 13-15 | | |
| | 巳 | 午 | 未 | 申 | 15-17 |
| 07-09 | 辰 | | | 酉 | 17-19 |
| 05-07 | 卯 | | | 戌 | 19-21 |
| 03-05 | 寅 | 丑 | 子 | 亥 | |
| | | 01-03 | 23-00<br>00-01 | 21-23 | |

| | | | | | |
|---|---|---|---|---|---|
| | 蛇 | 馬 | 羊 | | |
| | 巳 | 午 | 未 | 申 | 猴 |
| 龍 | 辰 | | | 酉 | 雞 |
| 兔 | 卯 | | | 戌 | 狗 |
| 虎 | 寅 | 丑 | 子 | 亥 | |
| | | 牛 | 鼠 | 豬 | |

排八字：　（子卯酉單氣）

地支藏干：（亥午兩氣）

（其他三氣）

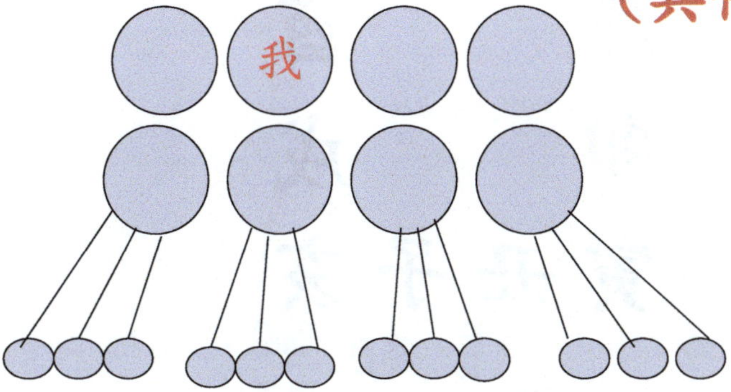


| 時 | 日 | 月 | 年 | 十神 |
|---|---|---|---|---|
| 事 晚 子<br>業 輩 女 | 外<br>在 | 兄 姐 父<br>弟 妹 親 | 父 上<br>親 司 | 天干 |
| 家 子 人<br>庭 女 際 | 配 創<br>偶 業 | 內<br>在 | 母 上<br>親 司 | 地支 |
| 果 | 花 | 苗 | 根 | |

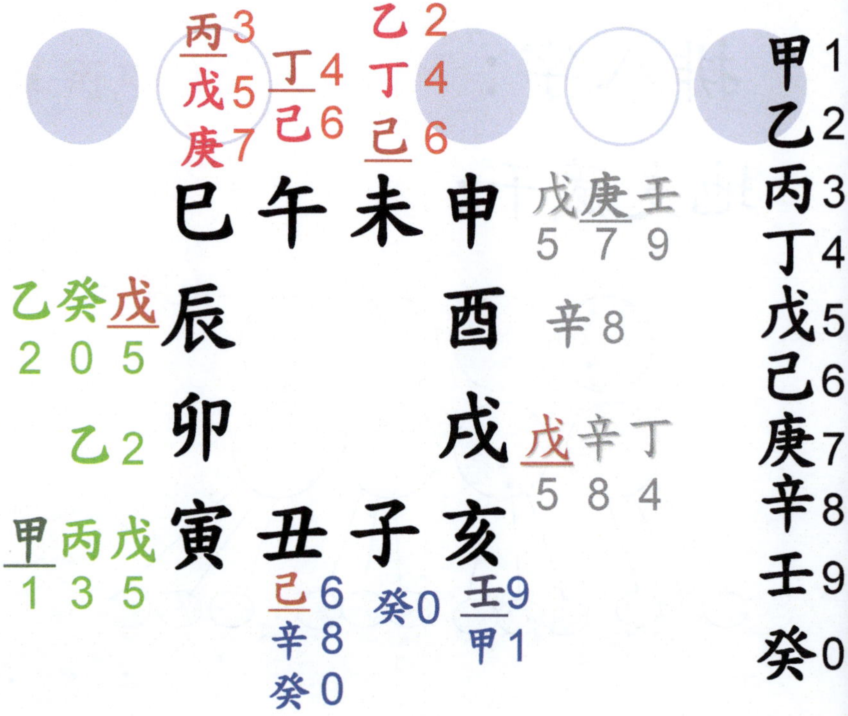
丙3 戊5 庚7
丁4 己6
乙2 丁4 己6
巳 午 未 申
戊庚壬 5 7 9
乙癸戊 2 0 5
辰 酉
辛8
乙2
卯 戌
戊辛丁 5 8 4
甲丙戊 1 3 5
寅 丑 子 亥
己6 辛8 癸0
癸0
壬9 甲1
甲1
乙2
丙3
丁4
戊5
己6
庚7
辛8
壬9
癸0

地支相合

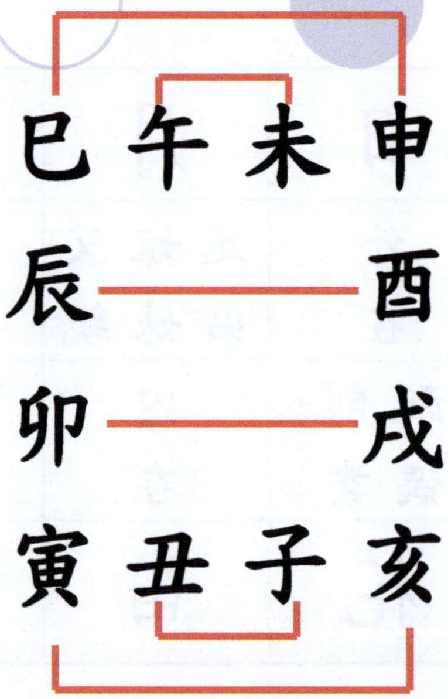
巳 午 未 申
辰 酉
卯 戌
寅 丑 子 亥

日月會於子，斗建於丑，
日月會於丑，斗建於子，
子丑相合

日月會於寅，斗建於亥，
日月會於亥，斗建於寅，
寅亥相合

日月會於卯，斗建於戌，
日月會於戌，斗建於卯，
卯戌相合

日月會於辰，斗建於酉，
日月會於酉，斗建於辰，
辰酉相合

日月會於巳，斗建於申，
日月會於申，斗建於巳，
巳申相合

日月會於午，斗建於未，
日月會於未，斗建於午，
午未相合

## 地支相衝

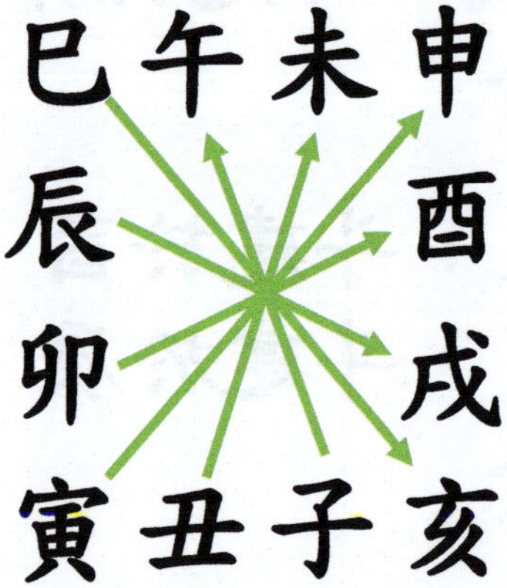

## 地支相害

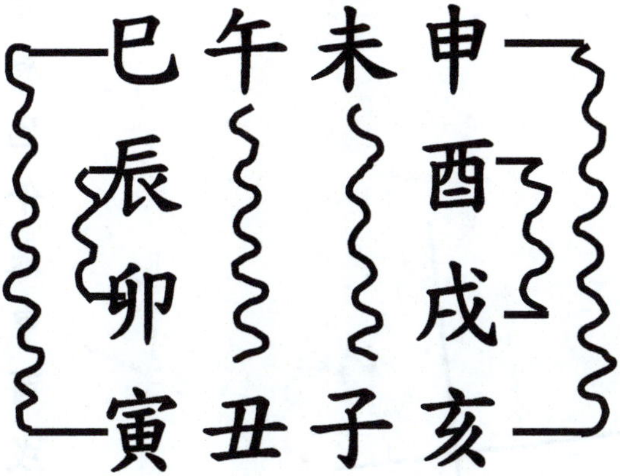


## 六害

莫道陰陽無定準，
管取夫妻不到頭

- ○子未害：羊鼠相逢一旦休
- ○丑午害：從來白馬怕青牛
- ○寅巳害：蛇逢猛虎如刀截
- ○卯辰害：玉兔見龍雲裏去
- ○申亥害：豬見猿猴似箭投
- ○酉戌害：金雞遇犬淚雙流

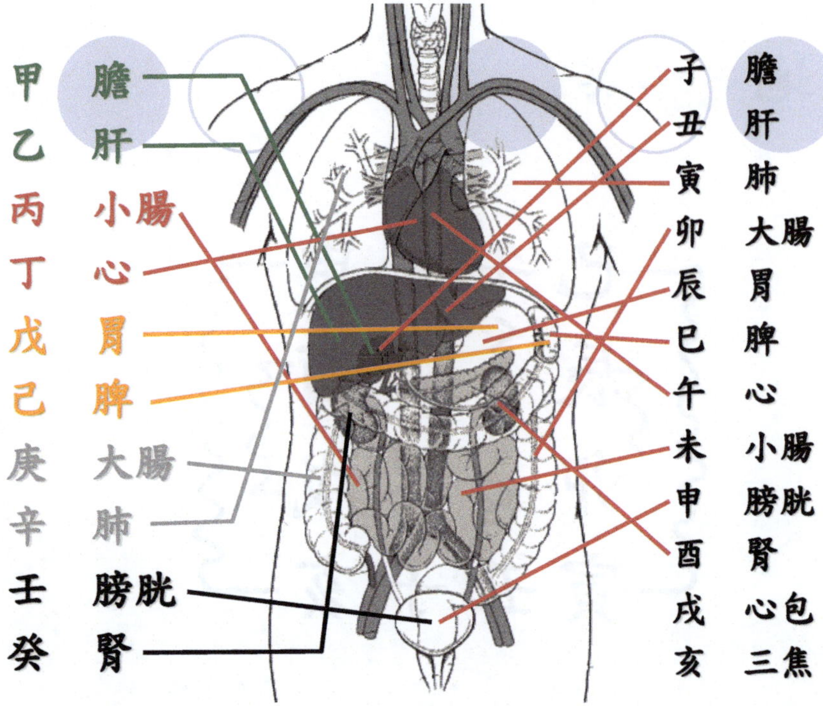


子屬膀胱水道耳　丑為胞肚及脾鄉

寅膽髮脈並雙手　卯本十指內肝方

辰土為皮肩胸類　巳面咽齒下尻肛

午火精神司眼目　未土胃脘膈脊梁

申金大腸經絡肺　酉中精血小腸藏

戌土命門腿踝足　亥水為頭及腎囊

若以此法推人病　岐伯雷公也播揚

甲頭乙項丙肩求，
丁心戊脅己屬腹；
庚是臍輪辛屬股，
壬脛癸足一身由。

午頭巳未兩肩均，
左右二膊是辰申；
卯酉雙脅寅戌腿，
丑亥屬腳子為陰。

## 二十四節氣

- 春雨驚春清穀天
  夏滿芒夏暑連連
- 秋處露秋寒霜降
  冬雪雪冬寒又寒

太陽正照南迴歸線：子正(冬至)

太陽正照北迴歸線：午正(夏至)

太陽正照赤道：卯正(春分)

太陽正照赤道：酉正(秋分)

| | | | | | |
|---|---|---|---|---|---|
| 立春 | 雨水 | 驚蟄 | 春分 | 清明 | 穀雨 |
| 1月 | | 2月 | | 3月 | |
| 立夏 | 小満 | 芒種 | 夏至 | 小暑 | 大暑 |
| 4月 | | 5月 | | 6月 | |
| 立秋 | 處暑 | 白露 | 秋分 | 寒露 | 霜降 |
| 7月 | | 8月 | | 9月 | |
| 立冬 | 小雪 | 大雪 | 冬至 | 小寒 | 大寒 |
| 10月 | | 11月 | | 12月 | |

春分至春分計：

365日5時48分46秒

小數點為：

365.242216日（稱歲實）

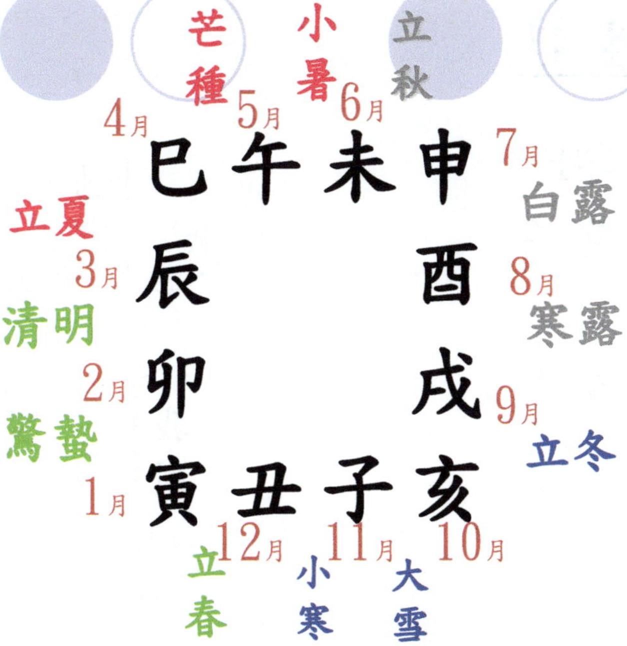

# 排八字：

## 天干之食神(口訣)

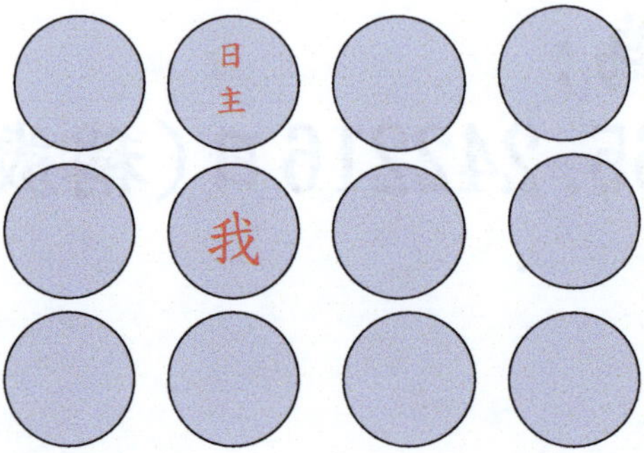


## <u>十神生剋</u>

- 生我為印P
- 剋我為官杀
- 我剋為財才
- 我生為食傷
- 同我為比劫

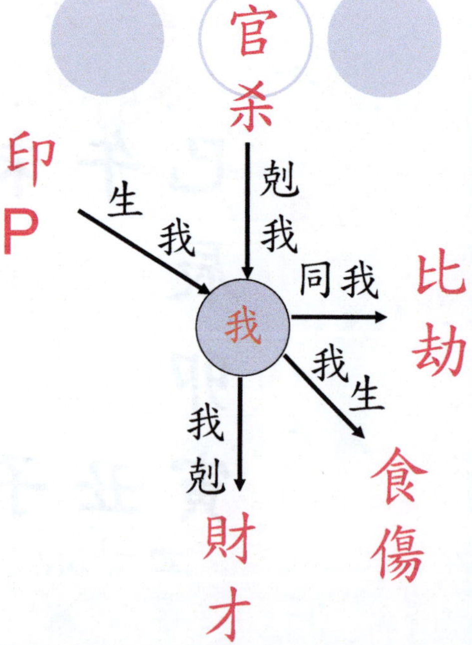

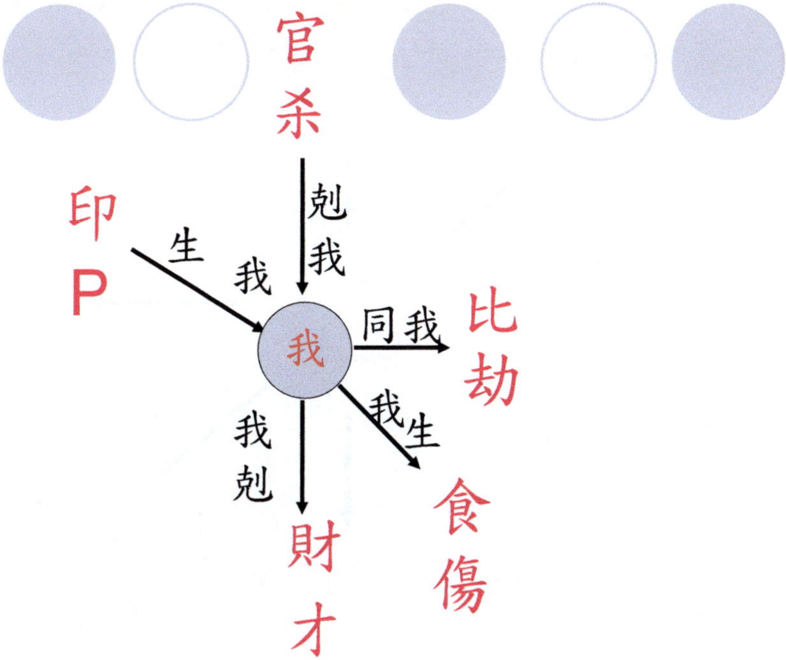
官
杀
剋我
印
P
生我
我
同我
比
劫
我生
我剋
財
才
食
傷

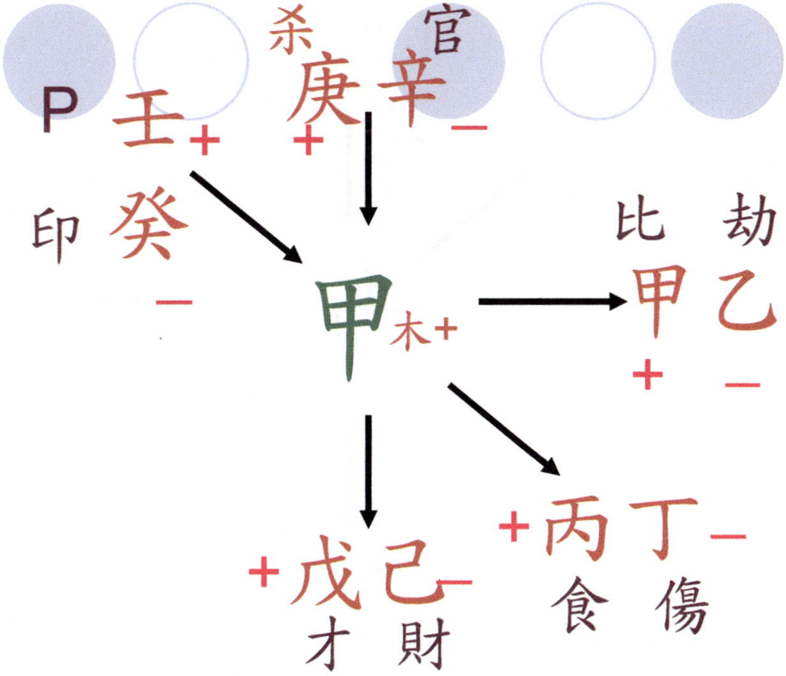
杀
官
庚
辛
P
壬
癸
印
比
劫
甲
乙
甲
木+
丙
丁
戊
己
才
財
食
傷

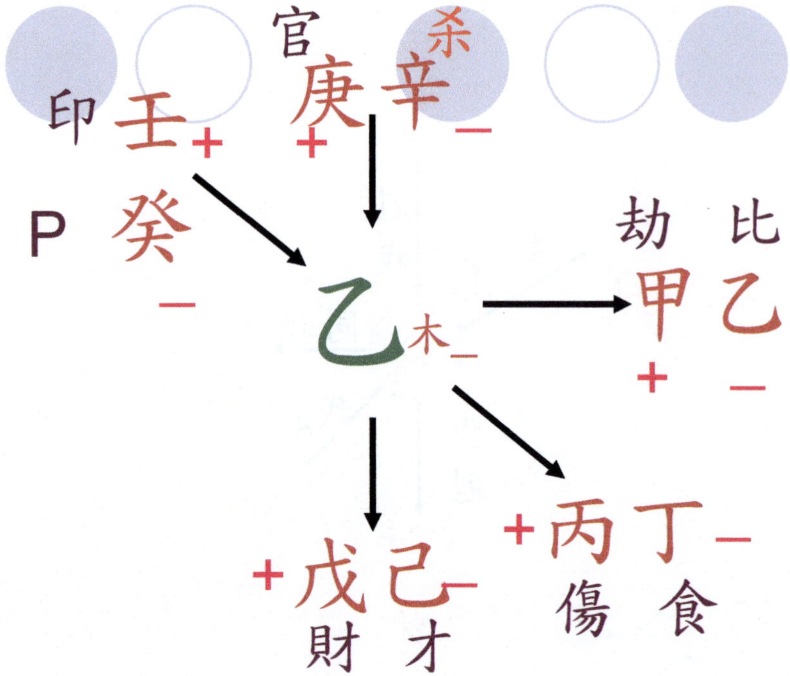
官
杀
印 壬 +
庚 +
辛 −
P 癸 −
乙 木 −
劫 比
甲 乙
+ −
+ 丙 丁 −
傷 食
+ 戊 己 −
財 才

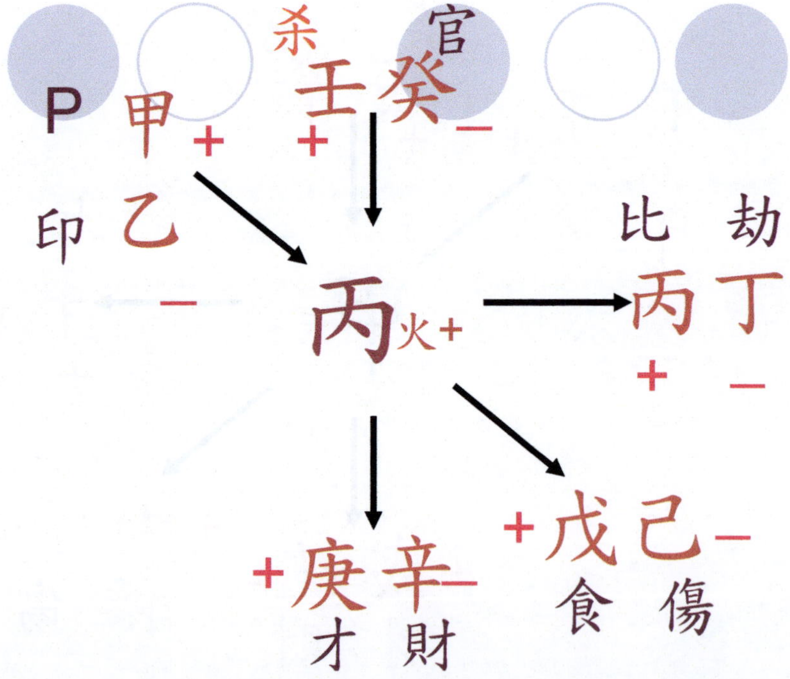
杀
官
P 甲 +
壬 +
癸 −
印 乙 −
丙 火 +
比 劫
丙 丁
+ −
+ 戊 己 −
食 傷
+ 庚 辛 −
才 財

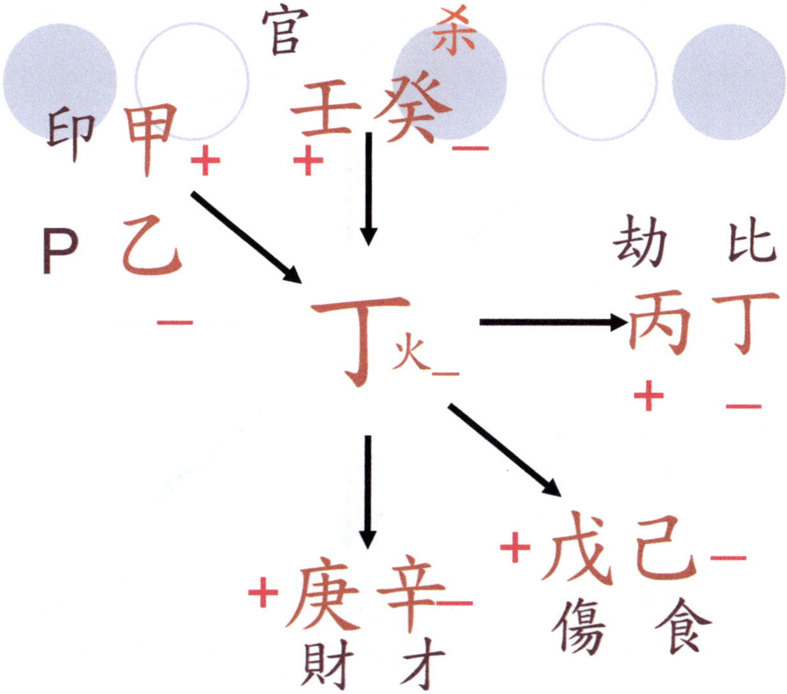
官 杀
印 甲 + 壬 + 癸 −
P 乙 −
丁 火 −
劫 比
丙 + 丁 −
+ 庚 辛 −
財 才
+ 戊 己 −
傷 食

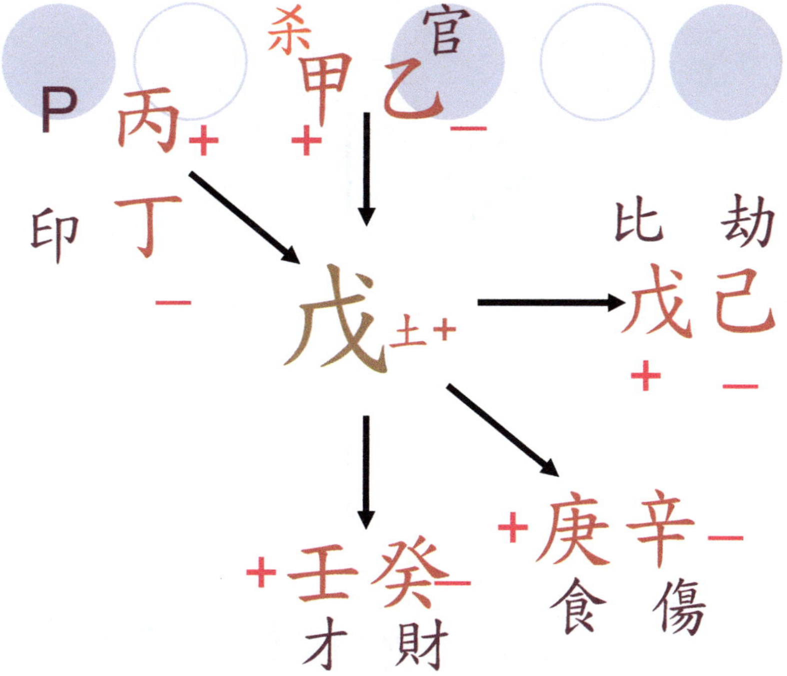
杀 官
P 丙 + 甲 + 乙 −
印 丁 −
戊 土 +
比 劫
戊 + 己 −
+ 壬 癸 −
才 財
+ 庚 辛 −
食 傷

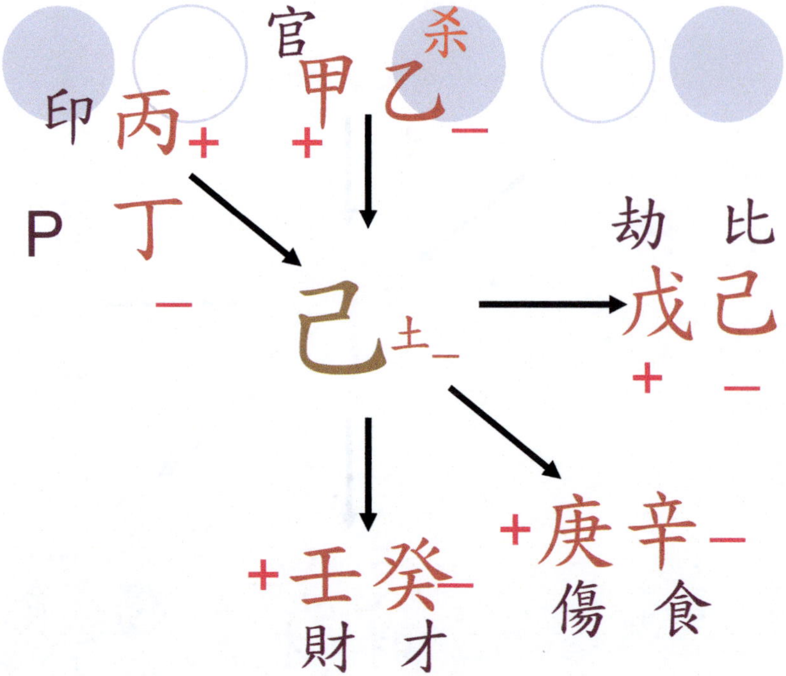
官
杀
甲 乙
印
丙
+ + −
P
丁
−
劫 比
己
土−
戊 己
+ −
+ 庚 辛 −
+ 壬 癸 −
傷 食
財 才

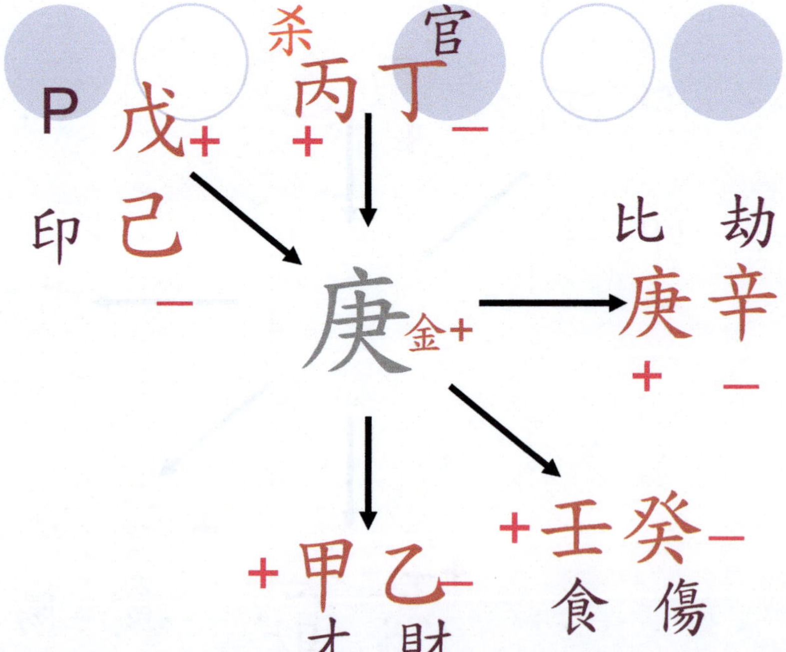
杀
官
P
戊
丙 丁
+ + −
印
己
−
比 劫
庚
金+
庚 辛
+ −
+ 壬 癸 −
+ 甲 乙 −
食 傷
才 財

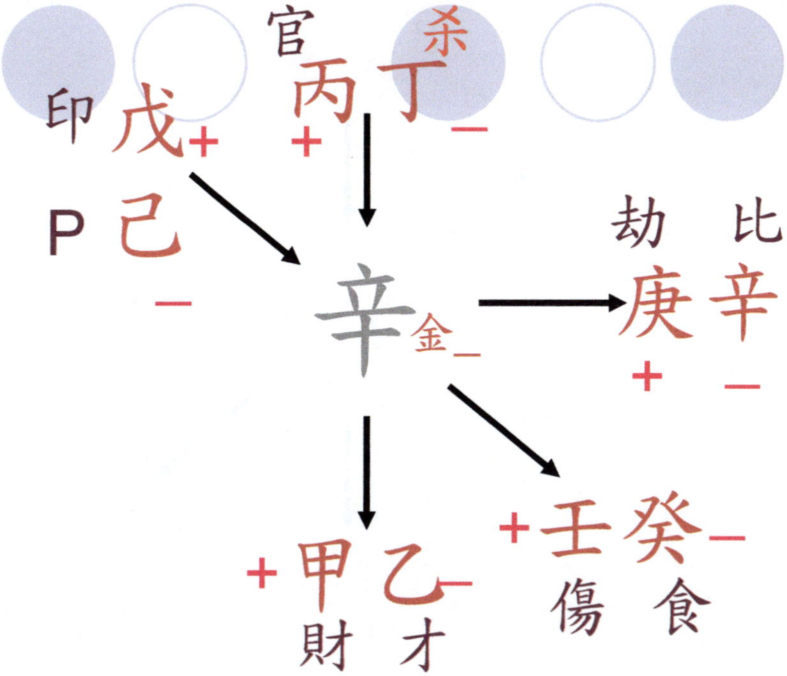
官 杀
丙 丁
印 戊 + + −
P 己 −
辛 金 −
劫 比
庚 辛
+ −
+ 壬 癸 −
傷 食
+ 甲 乙 −
財 才

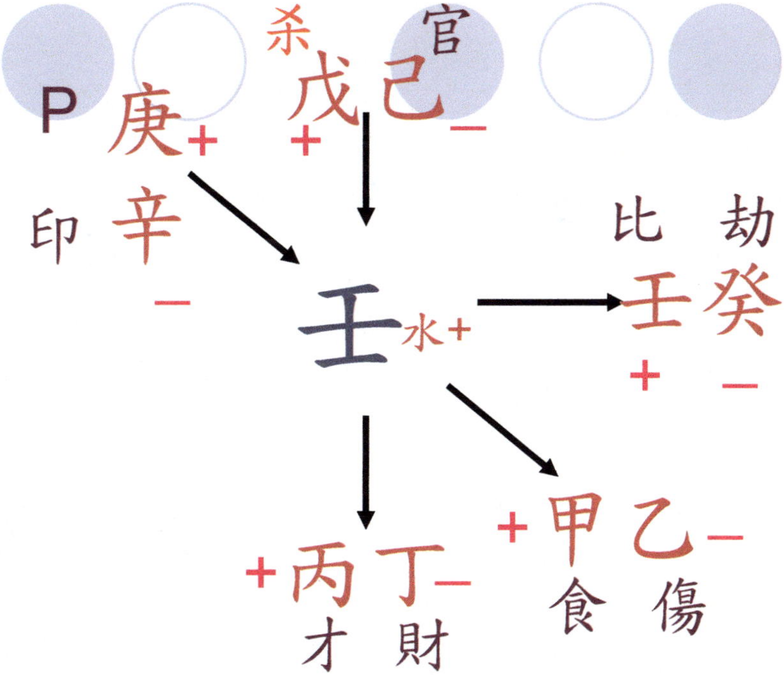
杀 官
戊 己
P 庚 + + −
印 辛 −
壬 水 +
比 劫
壬 癸
+ −
+ 甲 乙 −
食 傷
+ 丙 丁 −
才 財

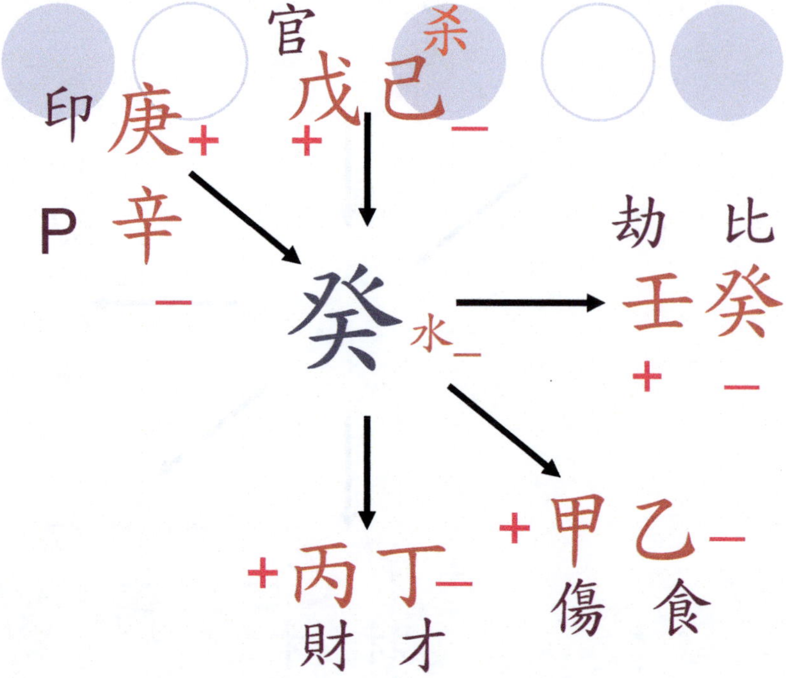


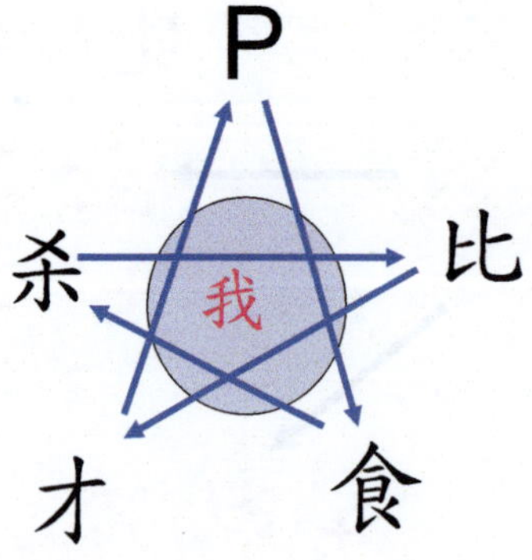


同陰陽

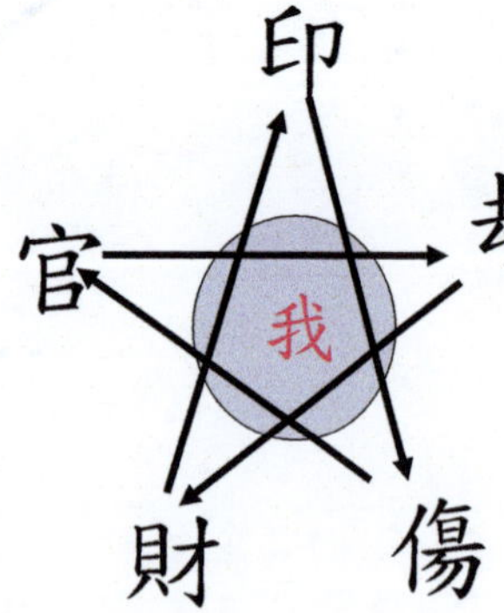


陰陽得配

## 比肩

兄弟　朋友
獨立自主
自尊　好勝
自信　不通融
意志堅定　競爭

## 劫財

姐妹　異性朋友　競爭
爭財　損財　不服輸
野心大　表現慾　見風轉舵
通融性佳　善交際
外表樂觀　內心想不開

## 食神

子女　才華洋溢
能力　祿壽
晚輩　學生
部屬

接受傳統
溫文儒雅
樂觀進取

## 眾生依四食而住

- 粗糰食(段食)
- 意思食(希望)
  (境界愛 自體愛 後有愛)
- 觸食(溫度)
- 識食(眼耳鼻舌身意)
  (阿賴耶識　末那識　菴摩羅識　)

# 資民之物

- 幽燕之地食寒
- 蜀漢之地食熱
- 江南魚米
- 草原肉乳
- 中原五穀

- 食在當令
自然養生

- 當季盛產的東西，價錢最便宜，
農藥自然放得最少，
- 春天：洋蔥、玉米，
- 夏天：冬瓜、地瓜葉、空心菜，
- 秋天：苦瓜、蓮藕等，
- 冬天：高麗菜、大白菜、紅、
白蘿蔔，
都是當季當令食物的代表。

# 傷官

子女　才華　不滿情緒　管夫
傷害正官　特立獨行　晚輩
學生　不自量力　多愁善感
易被感動　潑辣撒嬌
不受束縛　喜自由　自尊心強
清秀姣好　任性　讽刺

# 正財

- 金錢　妻子　勤儉　儲蓄
保守　正派
家庭責任　犧牲奉獻
滿足現狀　固定財源
固定資產

## 偏財

- 金錢　妾　父親
意外之財　疏財重義　慷慨
豪邁　不執著　非固定財源
誇張　動產　用情不專
不重財　善理財

## 正官

- 丈夫　官職　社會地位
權勢　面子　上司　紀律
負責態度　正義感　守信
有禮　保守　光明正大

## 七杀

- 壓力　　災難　兇悍　小人
敵對　計謀　報復心
猜疑　專制霸道
缺惻隱之心　敢愛敢恨
- 抑強扶弱

## 正印

- 母親　貴人　思想　觀念
主觀　宗教信仰　慵懶
仁厚　同情心　慈愛文藝
文學　自命清高　依賴
異中求同

# 偏印

- 繼姨母　半貴人　思想主觀
  奇招異術　神秘　頑固
  聰明刁鑽　偏執　警覺多疑
  獨樹一格　同中求異

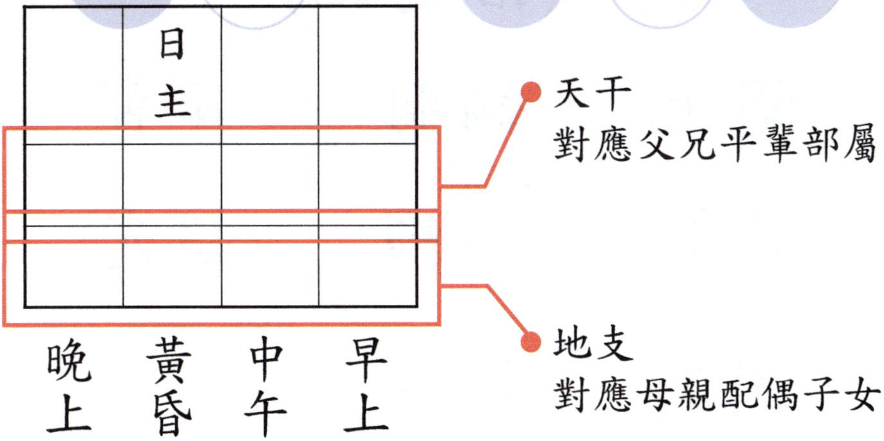

# 庫馬花

四庫：辰戌丑未

四馬：寅巳申亥

四花：子午卯酉

# 八駿（拾遺記）

絕地　翻羽　奔霄

超影　踰輝　超光

騰霧　扶翼

## 八駿（穆王天子傳）

赤驥　盜驪　白義

逾輪　山子　渠黃

華騮　綠耳

## 九逸

浮雲　赤電　絕群

逸驃　麟駒　紫燕騮

絕塵　龍子　綠螭聰

曹操: 絕影　爪黃

董卓:飛電

項羽:烏騅

劉備:的盧

關羽:赤兔　草上飛　掃北

# 刑

- 寅刑巳刑申刑寅=無恩之刑
- 丑刑戌刑未刑丑=恃勢之刑
- 子刑卯　卯刑子=無禮之刑
- 亥辰酉午=自刑
- 子午卯酉=穿

# (三合)

寅午戌
合火

巳酉丑
合金

| | | | |
|---|---|---|---|
| 巳 | 午 | 未 | 申 |
| 辰 | | | 酉 |
| 卯 | | | 戌 |
| 寅 | 丑 | 子 | 亥 |

申子辰
合水

亥卯未
合木

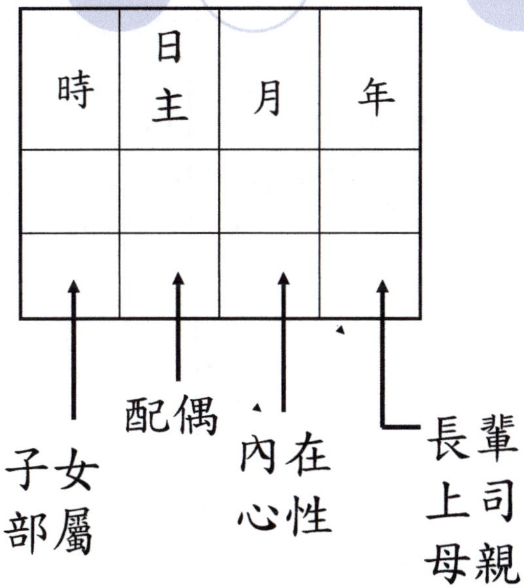

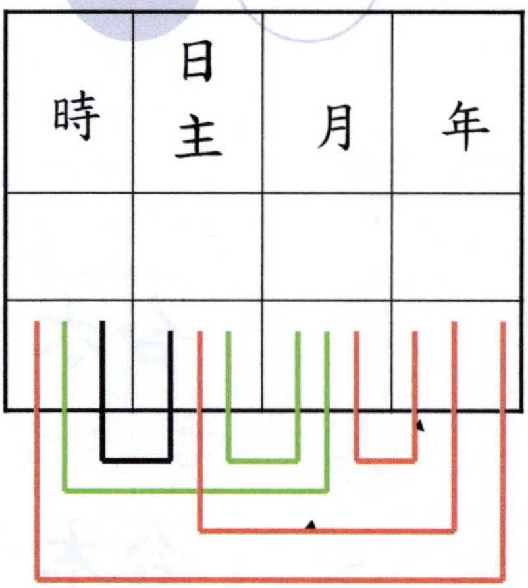


刑衝會合害

(旰相死囚休)

- 節令生我為相
- 節令剋我為死
- 我剋節令為囚
- 我生節令為休
- 當節令我為旺
- 旺相者身強
- 其餘皆身弱

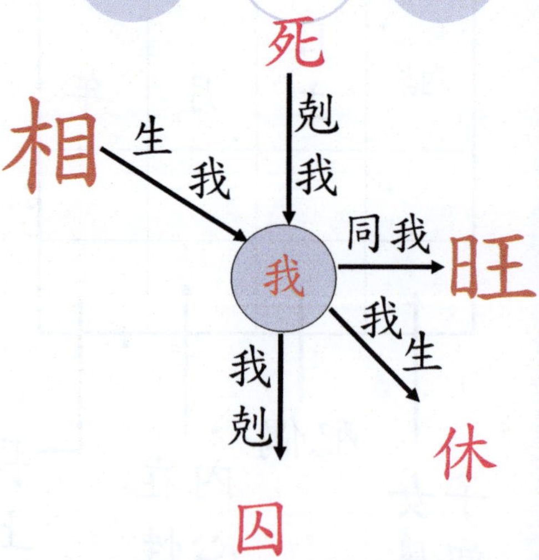

| | | | | |
|---|---|---|---|---|
| | 日主 | | | 十神 |
| | | | | 天干 |
| | | | | 地支 |
| | | | | 地支藏干 |

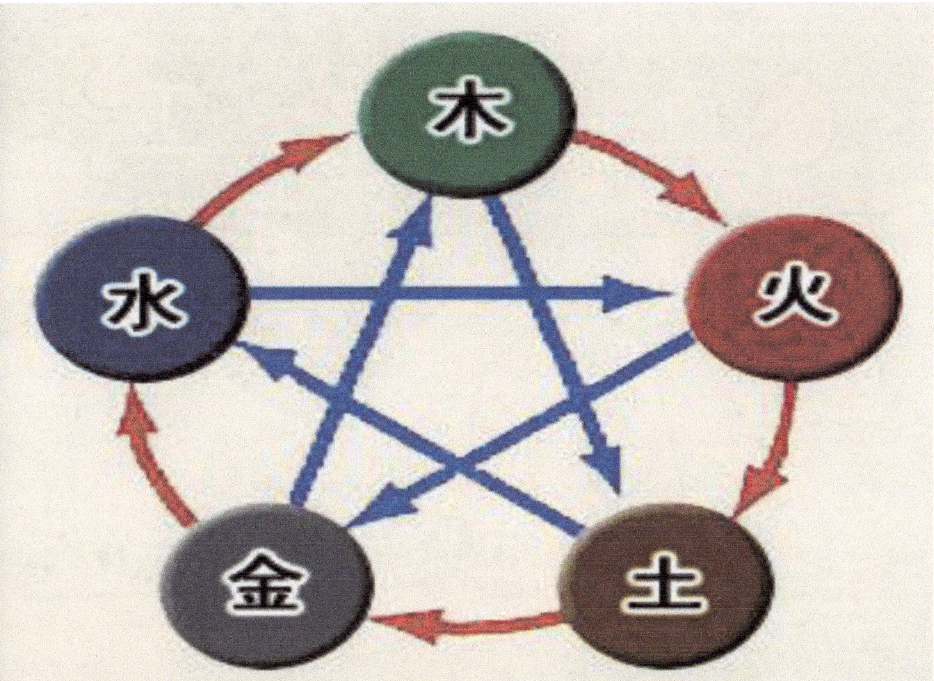

| 少＼狀況＼多 | 木 | 火 | 土 | 金 | 水 |
| --- | --- | --- | --- | --- | --- |
| 木 | | 焚 | 折 | 砍 | 漂 |
| 火 | 窒 | | 晦 | 熄 | 滅 |
| 土 | 傾 | 焦 | | 變 | 流 |
| 金 | 缺 | 熔 | 埋 | | 沉 |
| 水 | 縮 | 熱 | 塞 | 濁 | |

子

界： 動物界
門： 脊索動物門
亞門： 脊椎動物亞門
綱： 哺乳綱
目： 囓齒目
亞目： 松鼠亞目
科： 鼠科
屬： 鼠屬
種： 鼠

『子』之特性

夜行性　走路靠牆邊

老鼠的心跳每分鐘高達900次

給子人誠懇的建議：要「定」

## 丑

界：動物界　目：偶蹄目
門：脊索動物門　科：牛科
亞門：脊椎動物亞門　屬：牛屬
綱：哺乳綱　種：牛

『丑』之特性
苦勞性　忍氣又吞聲，
牛有四個胃瘤胃、蜂巢胃、重瓣胃、皺胃
給丑人誠懇的建議：
要「變」

## 寅

界：動物界　目：食肉目
門：脊索動物門　科：貓科
亞門：脊椎動物亞門　屬：豹屬
綱：哺乳綱　種：虎

獨立性
地盤意識強烈
老虎一天睡
十八個鐘頭
給寅人誠懇的建議：要「實」

## 卯

界： 動物界
門： 脊索動物門
綱： 哺乳綱
目： 兔形目
科： 兔科

警覺性
狡兔三窟
在月光明亮的
夜晚，兔子
活動性最強
給卯人誠懇的
建議：要「穩」

## 辰 ? ?

王者性　日理萬機　皇帝身段
鯰鬚、蝦目、牛鼻、鹿角、
豬唇、麒麟耳 鳳尾、蛇身、
魚鱗、虎牙、鷹爪、獅鬃
117片鯉魚鱗， 81片代表「善」屬「陽」
36片代表「惡」屬「陰」
給辰人誠懇的建議：
要「聽」

# 巳

界： 動物界
門： 脊索動物門
亞門： 脊椎動物亞門
綱： 爬行綱
目： 有鱗目
亞目： 蛇亞目

防衛性　鑽研深究　亞馬遜有一種樹蛇可以維持盤懸姿態長達六個鐘頭

給巳人誠懇的建議：
要「行」

# 午

界： 動物界
門： 脊索動物門
亞門： 脊椎動物亞門
綱： 哺乳綱
目： 奇蹄目
科： 馬科
屬： 馬屬
種： 馬

『午』之特性

群居性　馬的進化歷程充滿艱難險阻
四肢長著多個趾頭
（前三後四）

給午人誠懇的建議：
要「膽」

未

界：　動物界　　　　科：　牛科
門：　脊索動物門　　亞科：　羊亞科
綱：　哺乳綱　　　　屬：　羊屬
目：　偶蹄目　　　　種：　羊

## 『未』之特性

### 堅忍性　適應力極強

羔羊跪乳，用此比喻對兒女
對父母養育之恩的感激

**給未人誠懇的建議：**
**要「思」**

申

界：　動物界　　　闊鼻下目（新世界猴）
門：　脊索動物門　捲尾猴科
綱：　哺乳綱　　　蜘蛛猴科
目：　靈長目　　　狹鼻下目（舊世界猴）
亞目：　簡鼻亞目　獼猴科

### 群居性　模彷能力強

猴子跟狗和人一樣，沒辦
法由身體自產維他命

**給申人誠懇的建議：**
**要「慢」**

# 酉

界： 動物界　　目： 雞形目
門： 脊索動物門　　科： 雉科
亞門： 脊椎動物亞門　　屬： 雞屬
綱： 鳥綱　　種： 雞

保護性　老鷹抓小雞
母雞護小雞
金門地區的風雞，
當地人用來祭拜以祈
求少風

給酉人誠懇的建議：
要「斂」

# 戌

界： 動物界　　目：食肉目
門： 脊索動物門　　科：犬科
亞門： 脊椎動物亞門　　屬：犬屬
綱： 哺乳綱　　種：狼
亞種： 家犬

忠實性　狗擁有270°的視
力範圍對聲波感覺極限為
20至70HZ（人類為16至20Hz）
家犬在手帕範圍大小有2億
2000萬個嗅覺細胞

給戌人誠懇的建議：
要「智」

# 亥

界：動物界　目：偶蹄目
門：脊索動物門　科：豬科
亞門：脊椎動物亞門　屬：豬屬
綱：哺乳綱　種：豬

經濟性　豬的全身上下到骨頭都可以用　豬脖子只有一根筋，不能抬頭向天也不能回頭

給亥人誠懇的建議
要「做」

術理之學　雖精微而言淺
性命之旨　最奧妙而幽深

德業所感可以改變定數
因德能養氣而移數
數移則相變
為何善易者不卜　良有以也

# 祝各位同學

# 官到福到財神到

# 家順人順百業順

先天八卦

天地定位
山澤通氣
雷風相薄
水火不相攝

# 後天八卦

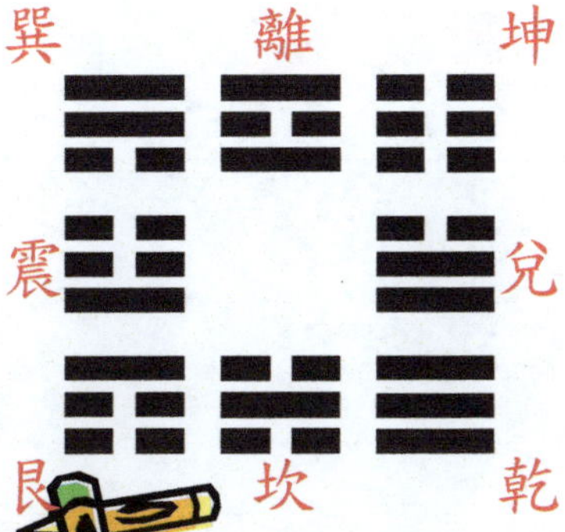
巽
離
坤
震
兌
艮
坎
乾

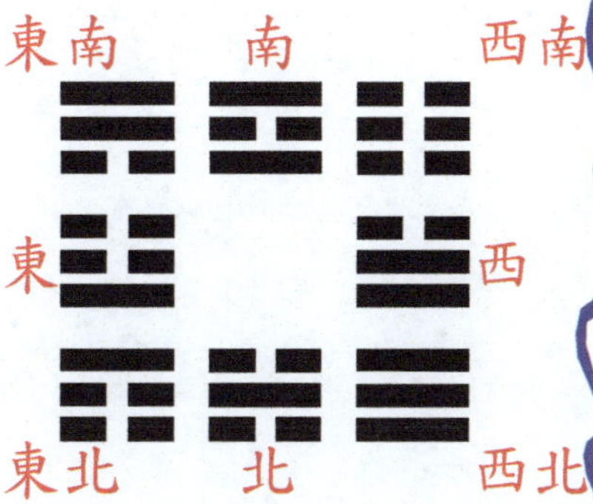
東南
南
西南
東
西
東北
北
西北

## 河圖

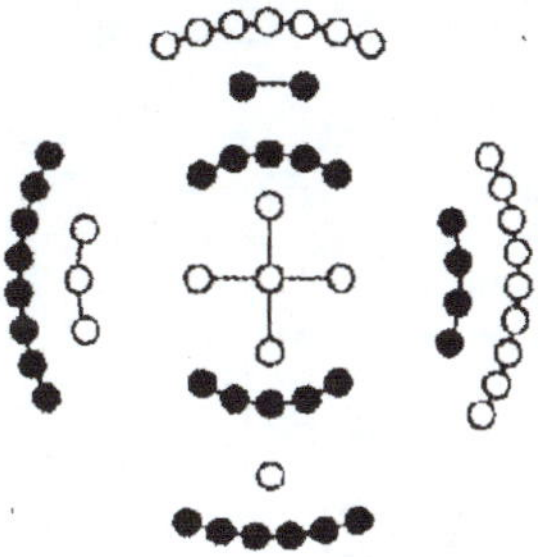

## 洛書

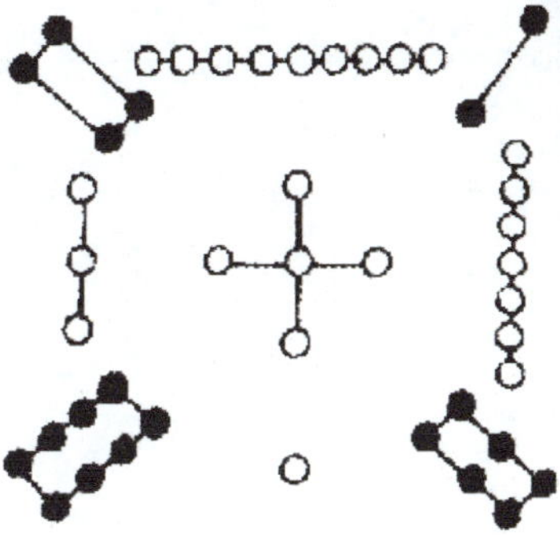

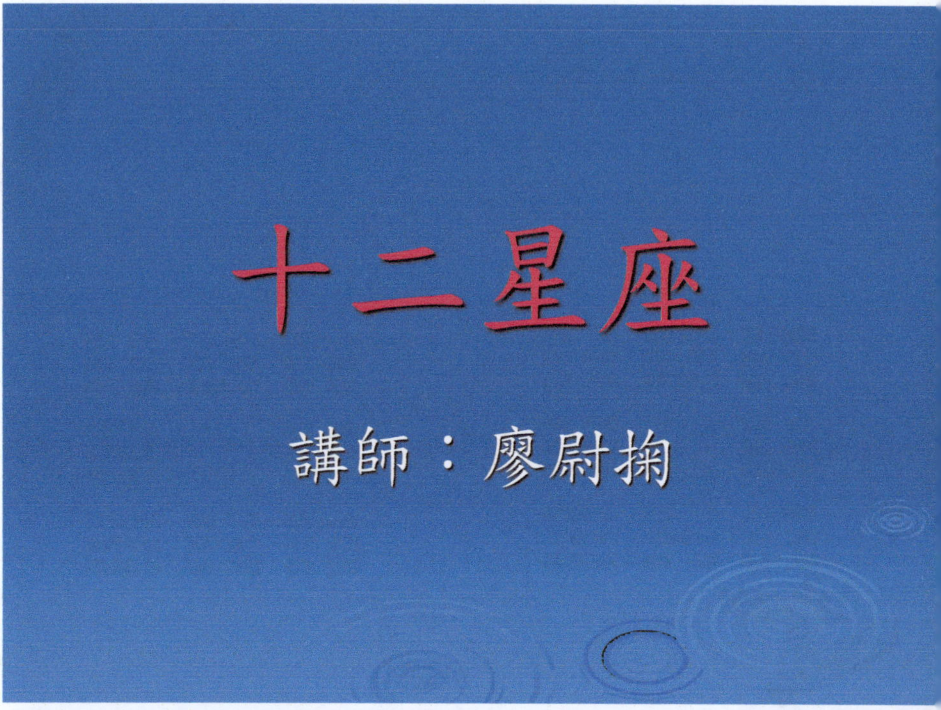
十二星座
講師：廖尉掬

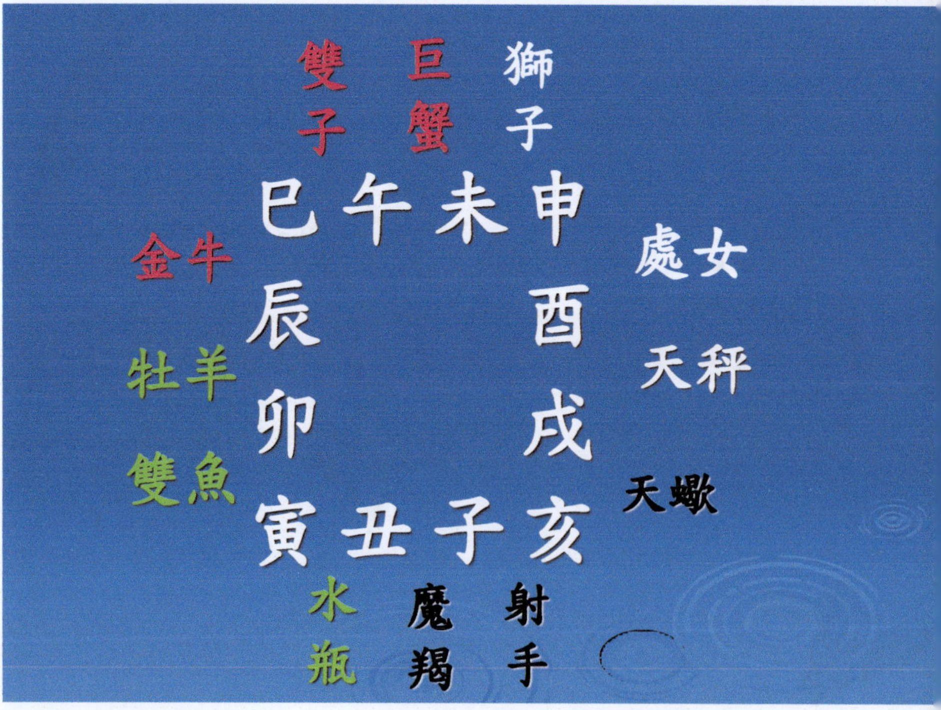
雙子
巨蟹
獅子
巳 午 未 申
金牛
處女
辰
酉
牡羊
天秤
卯
戌
雙魚
天蠍
寅 丑 子 亥
水瓶
魔羯
射手

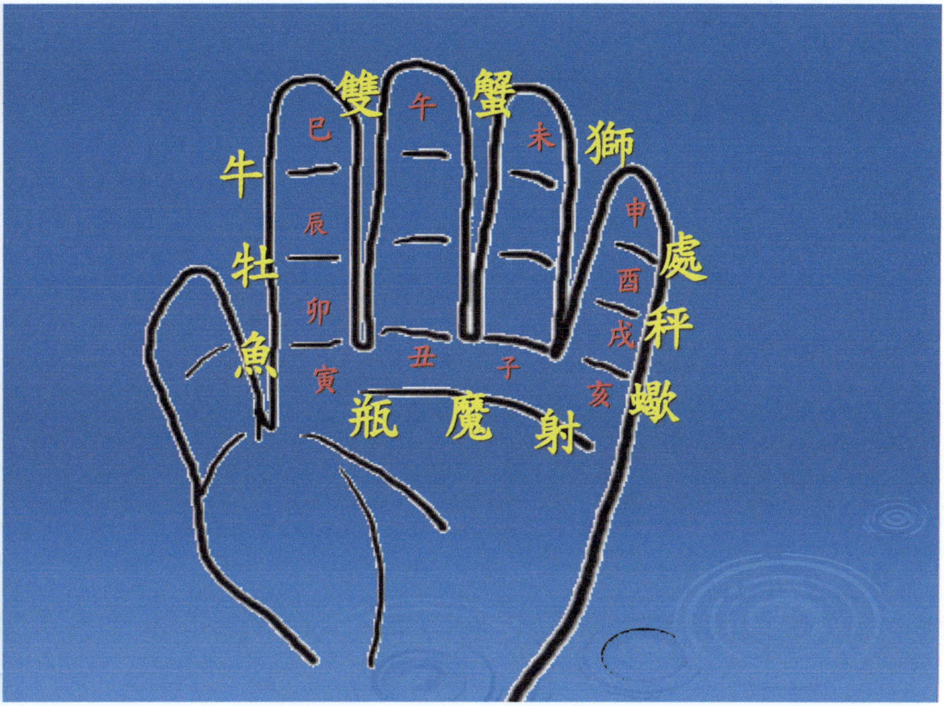
雙
蟹
午
巳
未
獅
牛
申
辰
處
牡
酉
卯
秤
戌
魚
丑
子
寅
亥
蠍
瓶
魔
射

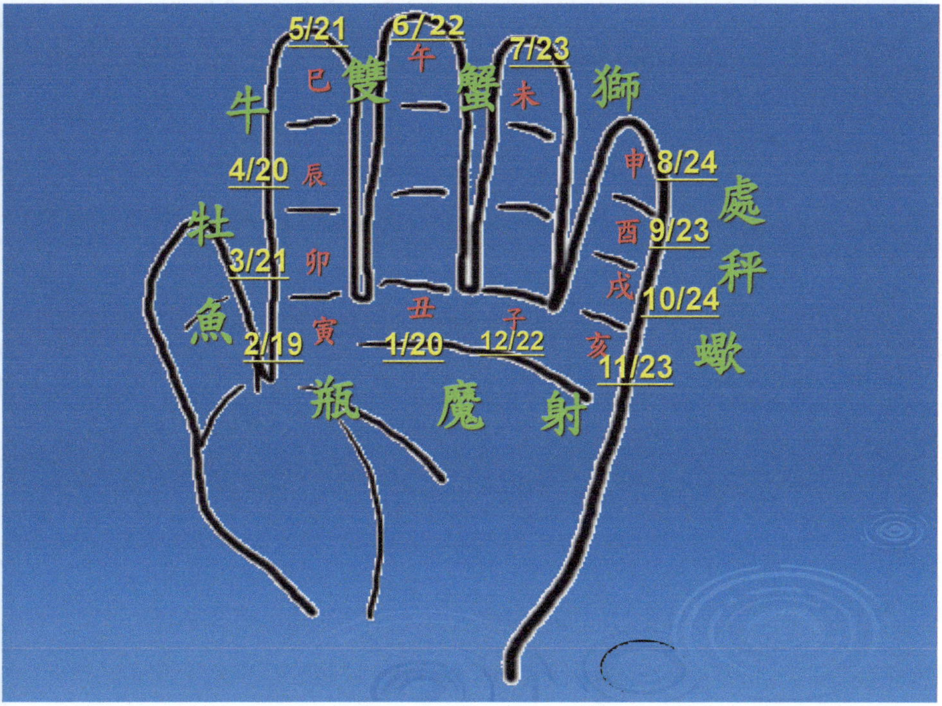
5/21
6/22
7/23
午
巳
雙
蟹
未
獅
牛
4/20
辰
申
8/24
處
牡
酉
9/23
3/21
卯
秤
戌
10/24
魚
2/19
寅
丑
1/20
子
12/22
亥
11/23
蠍
瓶
魔
射

## 中央社明尼蘇達州14日綜合外電報導）

- 美國明尼蘇達州1名天文學家證實許多人的猜測：你的星座可能錯了。

- 英文雅虎新聞（Yahoo! News）報導，地球軸心過去3000年的變動，已經改變了12星座。舉例來說，如果你認為自己是水瓶座，你搞不好其實是雙魚座。

- 同時，根據數千年前的古巴比倫星座，還冒出了第13個星座—蛇夫座（Ophiuchus）。
- 所以，這種星座日期大挪移要怪誰呢？

- 明尼阿波利斯（Minneapolis）「明星論壇報」（Star-Tribune）報導，古巴比倫人根據出生時太陽在黃道上的位置判定1個人的星座。

- 自此之後，地球受月球引力影響，導致軸心搖擺（wobble），星座對應的月份因此推移了1個月左右。

- 天文學家昆克爾（Parke Kunkle）告訴KARE-TV電視台：「由於傾斜角度改變，地球來到這裡，太陽在黃道上通過的星座已經和3000年前開始研究星座時不同。」

- 他說，這種改變並不是新消息，只是星座算命界忘了把地球搖擺的因素算進去。
- 新星座算法如下

- 摩羯座：1/20-2/16
- 水瓶座：2/16-3/11
- 雙魚座：3/11-4/18
- 牡羊座：4/18-5/13
- 金牛座：5/13-6/21
- 雙子座：6/21-7/20

- 巨蟹座：7/20-8/10
- 獅子座：8/10-9/16
- 處女座：9/16-10/30
- 天秤座：10/30-11/23
- 天蠍座：11/23-11/29
- 蛇夫座：11/29-12/17
- 射手座：12/17-1/20

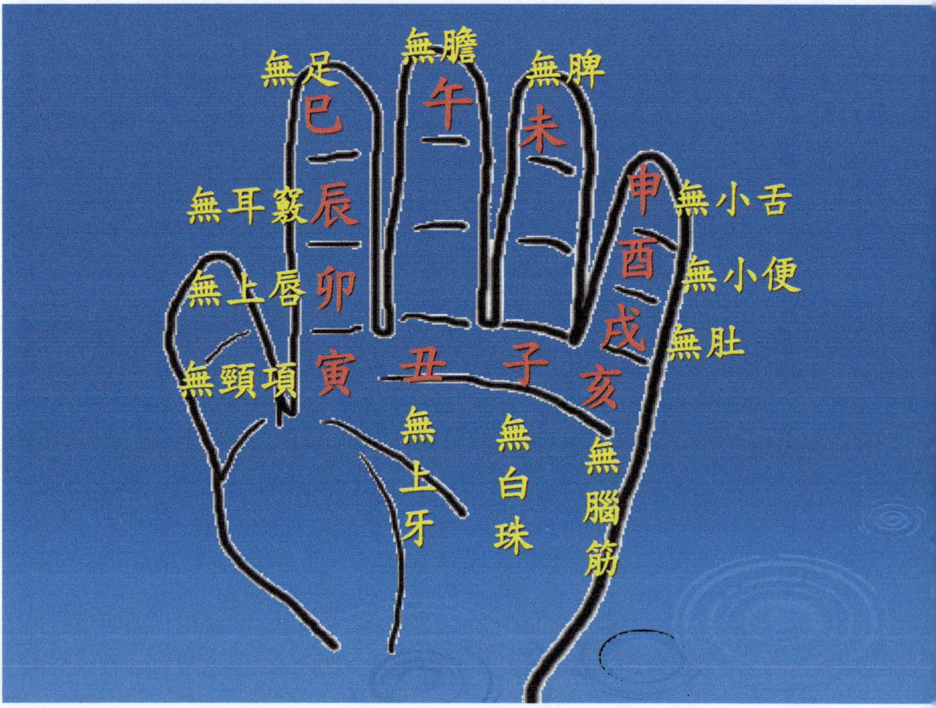

# 招財貓

- 白：商業繁盛（右景氣回升左臉顏笑容）
- 黑：家內安全（右擊退騷擾左征討欺侮）
- 紅：無病息災（右家庭圓滿左返老還童）
- 金：金運滿足（右寶船入港左大中頭彩）
- 銀：戀愛成就（右喜結姻緣左喜上花轎）

祝各位家人

官到福到財神到

人順家順百業順

# 五行之道

講師：廖尉掬

孟子

萬物皆備於我

反身而識

若莫大焉

## 天象

| 內容 | 肝象木 | 心象火 | 脾象土 | 肺象金 | 腎象水 |
|---|---|---|---|---|---|
| 方位 | 東 | 南 | 中 | 西 | 北 |
| 季節 | 春 | 夏 | 長夏 | 秋 | 冬 |
| 氣候 | 風 | 熱 | 濕 | 燥 | 寒 |
| 星宿 | 木星 | 火星 | 土星 | 金星 | 水星 |

## 地象

| 內容 | 木 | 火 | 土 | 金 | 水 |
|---|---|---|---|---|---|
| 五蟲 | 毛 | 羽 | 倮 | 介 | 鱗 |
| 五畜 | 雞 | 羊 | 牛 | 馬 | 豬 |
| 五穀 | 麥 | 黍 | 稷 | 穀 | 豆 |
| 五果 | 李 | 杏 | 棗 | 桃 | 栗 |
| 五色 | 青 | 赤 | 黃 | 白 | 黑 |
| 五味 | 酸 | 苦 | 甘 | 辛 | 鹹 |
| 五臭 | 臊 | 焦 | 香 | 腥 | 腐 |

## 人象

| 內容 | 木 | 火 | 土 | 金 | 水 |
|---|---|---|---|---|---|
| 五榮 | 筋爪 | 脈血 | 唇肉 | 皮毛 | 骨髮 |
| 五毛 | 眉 | 髮 | 體毫 | 皮毛 | 鬚 |
| 五藏 | 魂 | 神 | 意 | 魄 | 志 |
| 五事 | 視 | 言 | 思 | 聽 | 貌 |
| 五志 | 悲 | 喜 | 思 | 憂 | 恐 |
| 五化 | 生 | 長 | 化 | 收 | 藏 |
| 五脈 | 督 | 左脈 | 中脈 | 任脈 | 右脈 |
| 五倫 | 父子 | 兄弟 | 朋友 | 君臣 | 夫婦 |
| 五勞 | 久行傷筋 | 久視傷血 | 久坐傷肉 | 久臥傷氣 | 久立傷骨 |

曠然無為謂之道
道能自守謂之德
德生萬物謂之仁
仁救安危謂之義
義有去就謂之禮
禮有變通謂之智
智有誠實謂之信
通而用之謂之聖

- 子思：天下至誠→盡其性→盡人之性→盡物之性→贊天地之化育→與天地同參
- 勸早修→勤修→誠修→恆修→自有佳果

德業所感可以改變定數
因德能養氣而移數
數移則象變

## 治心妙方

- 好心腸一條
- 慈悲心一片
- 溫柔半兩
- 義理三分
- 信心要緊
- 中直一塊
- 孝順十分
- 老實一個
- 陰險全無
- 方便不拘多少
- 和氣湯服下
- 送入心腹

只要有恆心何時轉業都無妨
只要開始就不晚
為了改行轉業　為了追求興趣
白天工作　閒暇學習三年
必定轉行成功

祝大家
福慧增長

# 五行
# 經絡養生之道

講師：廖尉掬

## 扁鵲的醫術

- 魏文王問名醫扁鵲說：“你們家兄弟三人，都精于醫術，到底哪一位最好呢？”
扁鵲答：“長兄最好，中兄次之，我最差。”

## 扁鵲的醫術

文王再問："那麼為什麼你最出名呢？"
扁鵲答："長兄治病，是治病于病情發作之前。由於一般人不知道他事先能鏟除病因，所以他的名氣無法傳出去；

## 扁鵲的醫術

中兄治病，是治病于病情初起時。一般人以為他只能治輕微的小病，所以他的名氣只及本鄉裡。

## 扁鵲的醫術

而我是治病于病情嚴重之時。一般人都看到我在經脈上穿針管放血、在皮膚上敷藥等大手術，所以以為我的醫術高明，名氣因此響遍全國。”

## 扁鵲的醫術

管理心得：事後控制不如事中控制，事中控制不如事前控制，可惜大多數的事業經營者均未能體會到這一點，等到錯誤的決策造成了重大的損失才尋求彌補。而往往是即使請來了名氣很大的“空降兵”，結果于事無補。

# 養生三定律

- 三戒(孔子)
  - 少：未定(色)
  - 壯：剛(鬥)
  - 老：衰(得)→大得
- 三有(黃帝內經)
  - 飲食節
  - 起居常
  - 勞作序
- 三去(道德經)
  - 去甚
  - 去奢
  - 去泰

心法四診：(望)　(聞)　(問)　(切)

調候　扶抑　通關　袪病

八綱辯症：寒熱、虛實、燥濕、冷暖

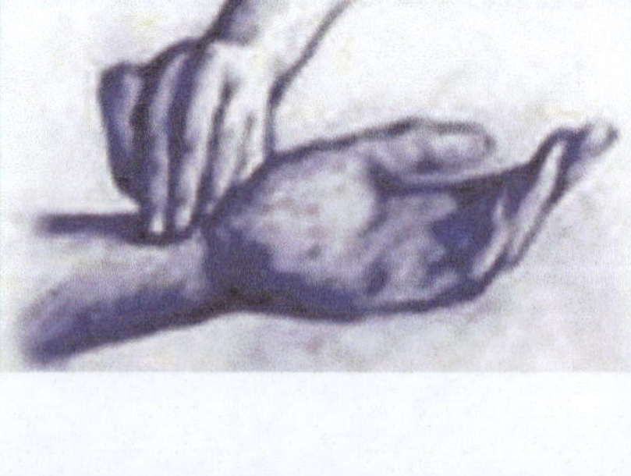

## 黃帝內經所述人體生命歷程（生老病死）

| 女 | 男 |
| --- | --- |
| 7 腎氣盛、換牙、髮長 | 8 腎氣實，髮長，換牙 |
| 14天癸至，任脈通，太衝脈盛，生育能力 | 16腎氣盛，天癸至，精氣溢洩陰陽合，有生育能力 |
| 21腎氣發育，智齒長，牙齒全 | 24同女21 |
| 28筋骨強，髮長，身體盛壯 | 32筋骨隆盛，肌肉滿壯 |
| 35陽明脈衰，臉憔悴，始掉髮 | 40腎氣衰，掉髮，齒鬆動 |
| 42三陽脈衰，面憔悴，髮白 | 48陽氣衰，面容憔悴鬢髮斑白 |
| 49任脈衰，太衝脈衰少，天癸竭，體衰無生育能力 | 56肝氣衰筋不能動天癸竭精少 |
| | 64腎氣衰，形體壞，齒髮皆掉 |

甲膽乙肝丙小腸
丁心戊胃己脾鄉
庚屬大腸辛屬肺
壬屬膀胱癸腎臟
三焦亦向丙中寄
心包同歸入丁方

甲頭乙項丙肩求

丁心戊脅己屬腹

庚是臍輪辛屬股

壬脛癸足一身由

# 十二地支病因

子屬膀胱水道耳　　丑為胞肚及脾鄉

寅膽髮脈並雙手　　卯本十指內肝方

辰土為皮肩胸類　　巳面咽齒下尻肛

午火精神司眼目　　未土胃脘膈脊梁

申金大腸經絡肺　　酉中精血小腸藏

戌土命門腿踝足　　亥水為頭及腎囊

若以此法推人病　　岐伯雷公也播揚

## 十二地支病因

肺寅大卯胃辰宮
脾巳心午小未中
申膀酉腎心包戌
亥三子膽丑肝通

| | | | |
|---|---|---|---|
| 巳 | 午 | 未 | 申 |
| 辰 | | | 酉 |
| 卯 | | | 戌 |
| 寅 | 丑 | 子 | 亥 |

## 十二地支病因

午頭巳未兩肩均
左右二膊是辰申
卯酉雙脅寅戌腿
丑亥屬腳子為陰

| | | | |
|---|---|---|---|
| 巳 | 午 | 未 | 申 |
| 辰 | | | 酉 |
| 卯 | | | 戌 |
| 寅 | 丑 | 子 | 亥 |

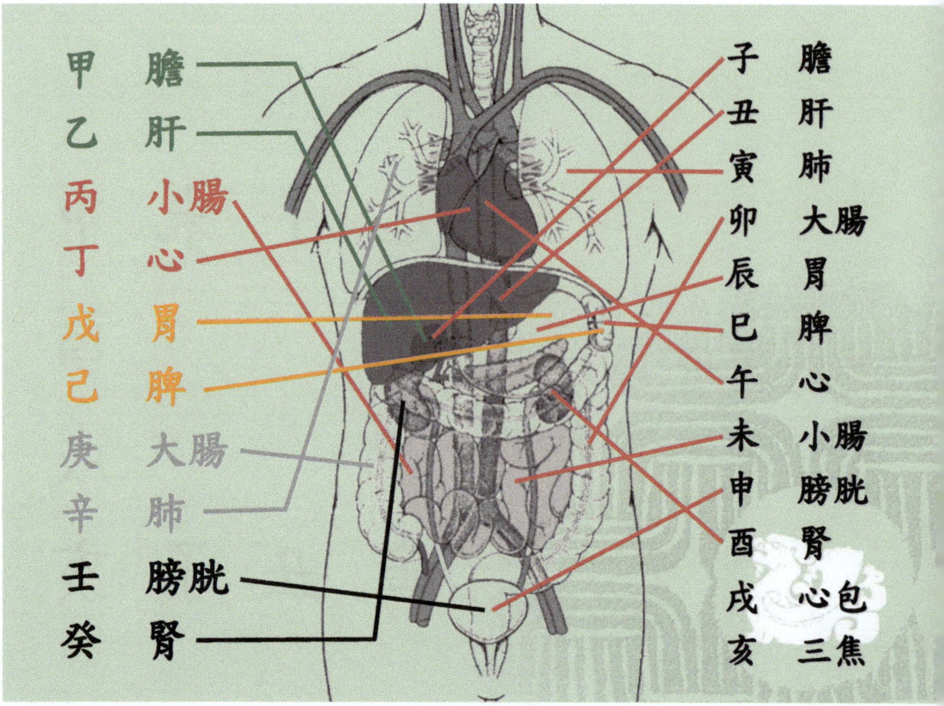


木：免疫系統（神經）

火：循環系統（淋巴）

土：消化系統（四肢）

金：呼吸系統（筋骨）

水：內分泌（骨骼）

| | |
|---|---|
| 子：膽(44) | 午：心(9) |
| 丑：肝(14) | 未：小腸(19) |
| 寅：肺(11) | 申：膀胱(67) |
| 卯：大腸(20) | 酉：腎(27) |
| 辰：胃(45) | 戌：心包(9) |
| 巳：脾(21) | 亥：三焦(23) |
| 任：(24) | 督:(27) |

# 任脈（24）

任脈三八起會陰　曲骨中極關元銳
石門氣海陰交乃　神闕水分下脘配
建里中上脘相連　巨闕鳩尾蔽骨下
中庭檀中慕玉堂　紫宮華蓋璇璣夜
天突結喉是廉泉　唇下宛宛承漿合

# 督脈(27)

督脈中行二十七　長強腰俞陽關密
命門懸樞接脊中　筋縮至陽靈台逸
神道身柱陶道長　大椎平肩二十一
啞門風府腦戶深　強間後頂百會率
前頂顖會上星圓　神庭素髎水溝屈
兌端開口唇中央　齦交唇內任督畢

# 足少陽膽經(一)(44)

少陽足經瞳子髎　四十四穴行迢迢
聽會上關頷厭集　懸顱懸釐曲鬢翹
率谷天衝浮白次　竅陰完骨本神邀
陽白臨泣目窗闢　正營承靈腦空搖
風池肩井淵腋部　輒筋日月京門標

# 足少陽膽經(二)

帶脈五樞維道續　居髎環跳風市招
中瀆陽關陽陵泉　陽交外丘光明宵
陽輔懸鍾邱墟外　臨泣地五會俠谿
第四指端竅陰畢

# 足厥陰肝經(14)

一十四穴足厥陰　大敦行間太衝侵
中封蠡溝中都近　膝關曲泉陰包臨
五里陰廉急脈穴　章門常對期門深

# 手太陰肺經(11)

手太陰肺十一穴
中府雲門天府訣
俠白尺澤孔最存
列缺經渠太淵涉
魚際少商如韮葉

# 手陽明大腸經(20)

手陽明穴起商陽　二間三間合谷藏
陽谿偏歷溫溜長　下廉上廉手三里
曲池肘髎五里近　臂臑肩顒巨骨當
天鼎扶突禾髎接　鼻旁五分號迎香

# 足陽明胃經(一) (45)

四十五穴足陽明　頭維下關頰車停
承泣四白巨髎經　地倉大迎對人迎
水突氣舍連缺盆　氣戶庫房屋翳屯
膺窗乳中延乳根　不容承滿梁門起
關門太乙滑肉門　天樞外陵大巨存

# 足陽明胃經(二)

水道歸來氣衝次　髀關伏兔走陰市
梁丘犢鼻足三里　上巨虛連條口位
下巨虛跳上豐隆　解谿衝陽陷骨中
內庭厲兌經穴終

# 足太陰脾經(21)

二十一穴脾中州　隱白在足大指頭
大都太白公孫盛　商丘三陰交可求
漏谷地機陰陵穴　血海箕門衝門開
府舍腹結大橫排　腹哀食竇連天谿
胸鄉周榮大包隨

# 手少陰心經(9)

九穴午時手少陰
極泉青靈少海深
靈道通里陰郄遂
神門少府少衝尋

# 手太陽小腸經(19)

手太陽穴一十九　少澤前谷後谿數
腕骨陽谷養老深　支正小海外輔肘
肩貞臑俞接天宗　髎外秉風曲垣首
肩外俞連肩中俞　天窗乃與天容偶
銳骨之端上顴髎　聽宮耳前珠上走

# 足太陽膀胱經(一)(67)

足太陽經六十七　睛明目內紅肉藏
攢竹眉衝與曲差　五處上寸半承光
通天絡卻玉枕昂　天柱後際大筋外
大杼背部第二行　風門肺俞厥陰四
心俞督俞膈俞強　肝膽脾胃俱挨次
三焦腎氣海大腸　關元小腸到膀胱

# 足太陽膀胱經(二)(67)

中膂白環仔細量　自從大抒至白環
各各節外半寸長　上髎次髎中復下
一空二空腰髁當　會陽陰尾骨外取
附分俠脊第三行　魄戶膏肓與神堂
譩禧膈關魂門九　陽綱意舍仍胃倉
肓門志室胞肓續　二十椎下秩邊場

# 足太陽膀胱經(三)(67)

承扶臀橫紋中央　殷門浮郗到委陽
委中合陽承筋是　承山飛揚踝附陽
崑崙卜參連申脈　金門京骨束骨忙
通谷至陰小指旁

# 足少陰腎經(27)

足少陰穴二十七　湧泉然谷太谿溢
大鍾水泉通照海　復溜交信築賓實
陰谷膝內附骨後　以上從足走至膝
橫骨大赫聯氣穴　四滿中注肓俞臍
商曲石關陰都密　通谷幽門寸半闢
折量腹上分十一　步廊神封陰靈墟
神藏彧中俞府畢

# 手厥陰心包絡經(9)

九穴心包手厥陰
天池天泉曲澤深
郄門間使內關對
大陵勞宮中衝侵

# 手少陽三焦經(23)

二十三穴手少陽　關衝液門中渚旁
陽池外關支溝正　會宗三陽四瀆長
天井清冷淵消濼　臑會肩髎天髎堂
天牖翳風瘈脈青　顱息角孫絲竹張
禾髎耳門聽有常

公孫衝脈胃心胸(脾經)足太陰
內關陰維下總同(心包經)手厥陰
臨泣膽經連帶脈(膽經)足少陽
陽維目貲外關逢(三焦經)手陽明
後谿督脈內貲頸(小腸經)手太陽
申脈陽蹻絡亦通(膀胱經)足太陽
列缺任脈行肺系(肺經)手太陰
陰蹻照海膈喉嚨(腎經)足少陰

尾閭 → 命門 → 夾脊 → 雙關 →

（長強） （脊中） （內關 外關）

玉枕 → 泥丸 → 華池 → 中丹田 →

（風府 瘂門） （顖門 百會） （華蓋） （神闕以上）

氣海 → 下丹田 → 海底

（關元） （神闕以下） （會陰）

休 生 傷 杜 景 死 驚 開

休 → 丹田

生 → 尾閭

傷 → 命門脊中

杜 → 玉枕

景 → 泥丸

死 → 印堂 眉間

驚 → 觀音 喉核

開 → 檀中

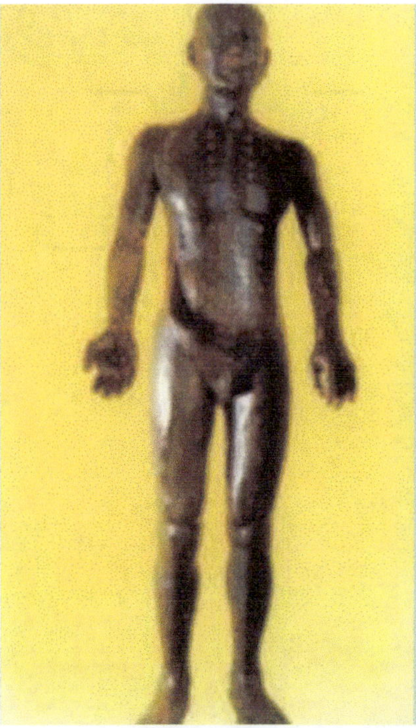

北宋：王惟一→經脈俞穴之銅人
(西元1027年)

宇宙氣流，氣壓元素之變化，使地球受影響，長期生存地球上觀察天象，俯察地脈，體認趨吉避凶之原理，預知未來，躲過天災、地變及人禍。

樂字養壽

動字養身

靜字養心

善字養德

勤字養財

愛字養家

五福：

長壽
富貴
福德
康寧
善終

五老：

老健康(印)
老朋友(比)
老嗜好(食傷)
老本錢(財)
老尊嚴(官)

# 祝各位家人
# 身體健康
# 五福臨門

# 五臟六腑與命運之關係

講師：廖尉掬

五臟：肝 心 脾 肺 腎

六腑：膽 心 胃 大 膀
小腸 腸 胱

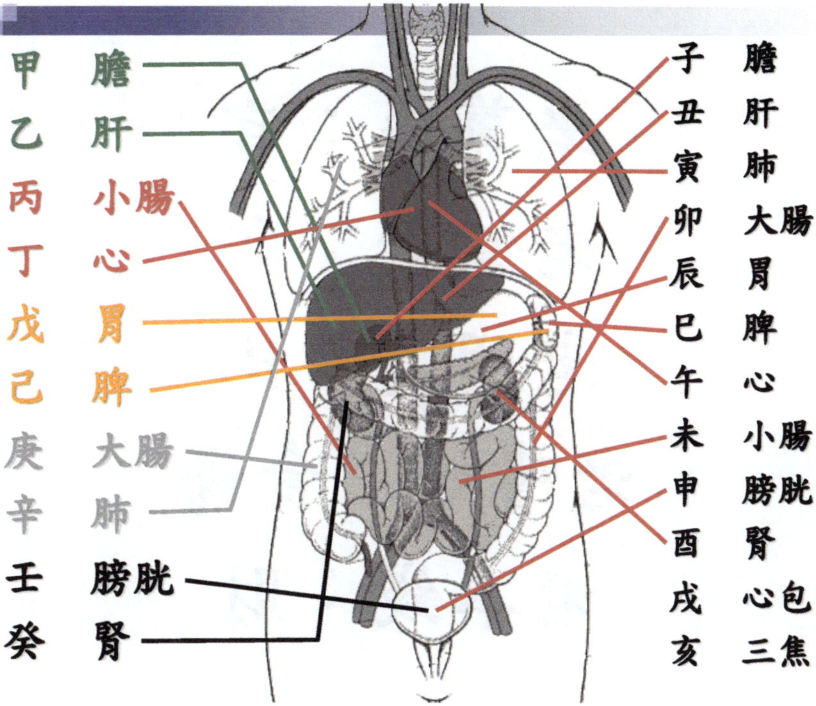


# 健康是最大財富

| | | | | | |
|---|---|---|---|---|---|
| 甲乙木 | 肝 | 心 | 脾 | 肺 | 腎 |
| 丙丁火 | 肝 | 心 | 脾 | 肺 | 腎 |
| 戊己土 | 肝 | 心 | 脾 | 肺 | 腎 |
| 庚辛金 | 肝 | 心 | 脾 | 肺 | 腎 |
| 壬癸水 | 肝 | 心 | 脾 | 肺 | 腎 |

老尊嚴：官

老健康：印

老朋友：比

老嗜好：食傷

老本錢：財

成功的起點是相信

相信自己相信團隊

相信公司相信產品

生命中的無限可能，擁抱改變，成就無限

人生只有一個目的，服務人群

一人之力服務一人

十人之力服務十人

百人之力服務百人

萬人之力服務萬人

從別人身上看到自己的責任

松柏長青

盲跛互助

根器司用

提攜後進

# 天干五行四時喜忌

講師：廖尉掬

## 甲木

甲木參天　脫胎要火
春不容金　秋不容土
火熾乘龍　水蕩騎虎
地潤天和　植立千古

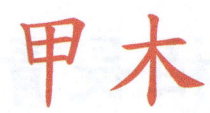

# 乙木

乙木雖柔　挂羊解牛
懷丁抱丙　跨鳳騎猴
虛濕之地　騎馬亦憂
藤蘿繫甲　可春可秋

# 丙火

丙火猛烈　欺霜侮雪
能鍛庚金　逢辛反怯
土眾生慈　水猖顯節
馬虎犬鄉　甲來成滅

# 丁火

丁火柔中　內性昭融
抱乙而孝　合壬而中
旺而不烈　衰而不窮
如有嫡母　可秋可冬

# 戊土

戊土固重　既中且正
靜翕動闢　萬物司令
水潤物生　火燥物病
若在艮坤　怕沖宜靜

## 己土

己土卑濕　中正蓄藏
不愁木盛　不畏水狂
火少火晦　金多金光
若要物旺　宜助宜幫

## 庚金

庚金帶殺　剛健為最
得水而清　得火而銳
土潤而生　土乾則脆
能贏甲兄　輸於乙妹

## 辛金

辛金軟弱　溫潤而清
畏土之疊　樂水之盈
能扶社稷　能救生靈
熱者喜母　寒則喜丁

## 壬水

壬水通河　能洩金氣
剛中之德　周流不滯
通根透癸　沖天奔馳
化則有情　從則相濟

# 癸水

癸水至弱　達於天津
得龍而運　功化斯神
不愁火土　不論庚辛
合戊見火　化眾斯真

# (旺相死囚休)

- 節令生我為相
- 節令剋我為死
- 我剋節令為囚
- 我生節令為休
- 當節令我為旺
- 旺相者身強
- 其餘皆身弱

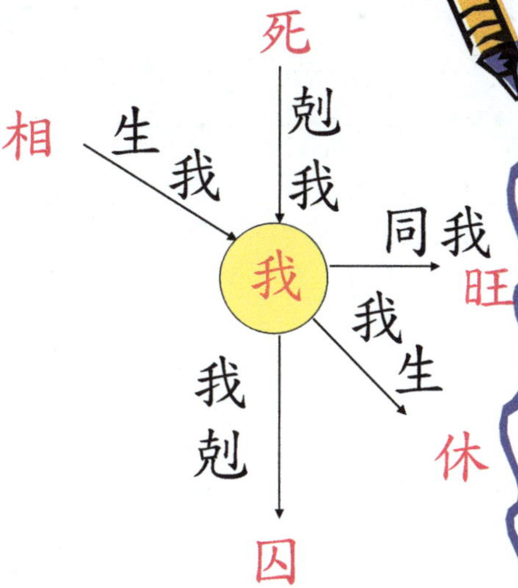

<table>
<tr><td colspan="3"></td><td colspan="3">日主</td><td colspan="3"></td><td colspan="3"></td><td>十神</td></tr>
<tr><td colspan="3"></td><td colspan="3"></td><td colspan="3"></td><td colspan="3"></td><td>天干</td></tr>
<tr><td colspan="3"></td><td colspan="3"></td><td colspan="3"></td><td colspan="3"></td><td>地支</td></tr>
<tr><td></td><td></td><td></td><td></td><td></td><td></td><td></td><td></td><td></td><td></td><td></td><td></td><td rowspan="2">地支藏干</td></tr>
<tr><td></td><td></td><td></td><td></td><td></td><td></td><td></td><td></td><td></td><td></td><td></td><td></td></tr>
</table>

# 傳法收徒吉日：

| | | | | | | | | | |
|---|---|---|---|---|---|---|---|---|---|
| 1 | 2 | 3 | 4 | 5 | 6 | 7 | 8 | 9 | 10 |
| | | @ | @ | | @ | | @ | | @ |
| 11 | 12 | 13 | 14 | 15 | 16 | 17 | 18 | 19 | 20 |
| @ | | @ | | @ | @ | @ | | @ | |
| 21 | 22 | 23 | 24 | 25 | 26 | 27 | 28 | 29 | 30 |
| | | | | @ | | @ | @ | @ | |

| 多 / 少 | 木 | 火 | 土 | 金 | 水 |
|---|---|---|---|---|---|
| 木 | | 焚 | 折 | 砍 | 漂 |
| 火 | 窒 | | 晦 | 熄 | 滅 |
| 土 | 傾 | 焦 | | 變 | 流 |
| 金 | 缺 | 熔 | 埋 | | 沉 |
| 水 | 縮 | 熱 | 塞 | 濁 | |

## 十二建除擇日法

**建**宜出行**收**嫁娶
**定**宜冠帶**滿**修倉
**破除**療病**執**宜補(捕)
**危**本安床**閉**葬良
**成開**所作成而吉
**平**乃做事總平常

# 面相流年

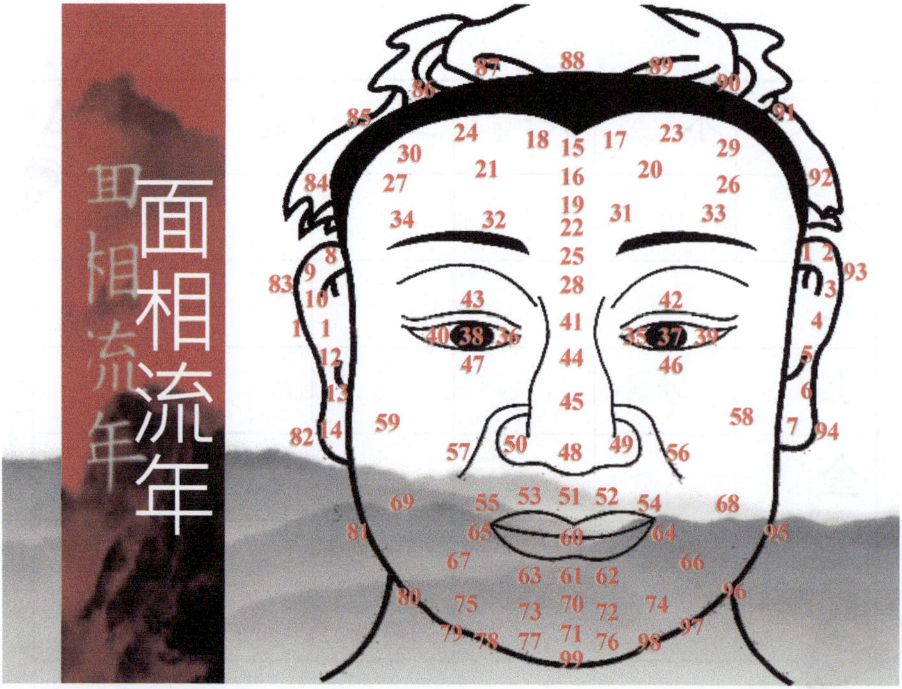

| | | | |
|---|---|---|---|
| 界： | 動物界 | 目： | 嚙齒目 |
| 門： | 脊索動物門 | 亞目： | 松鼠亞目 |
| 亞門： | 脊椎動物亞門 | 科： | 鼠科 |
| 綱： | 哺乳綱 | 屬： | 鼠屬 |
| | | 種： | 鼠 |

『子』為水為河　池井　溝渠　後宮

(人):婦人　盜賊　乳婦

(物):鼠 燕 蝸

(事):見吉神為聰明　見凶神為淫佚

界：動物界　目：偶蹄目
門：脊索動物門　科：牛科
亞門：脊椎動物亞門　屬：牛屬
綱：哺乳綱　種：牛

『丑』屬土 為桑園 橋樑 宮殿 坎墓
(人)君 尊長 貴人
(物)牛 騾
(事)吉:喜慶 遷官 凶:咒詛 冤仇 訟獄
憂離 遠行 疾病

界：動物界　目：食肉目
門：脊索動物門　科：貓科
亞門：脊椎動物亞門　屬：豹屬
綱：哺乳綱　種：虎

『寅』屬木 為神像 山林 橋樑 公門
(人)丞相 夫婿 貴人 道人
人馬 家長 賓客
(物)虎 豹 貓
(事)吉:文書 財帛 訊息 凶:口舌 失財
疾病 官非

界：　動物界 Animalia
門：　脊索動物門 Chordata
綱：　哺乳綱 Mammalia
目：　兔形目 Lagomorpha
科：　兔科 Leporidae

『卯』屬木 為門窗 為街土
(人)婦人 兄弟 姑母　盜賊
(物)兔　舟車
(事)吉:門戶 舟車安然無事
　　凶:口舌 官事 分離

辰 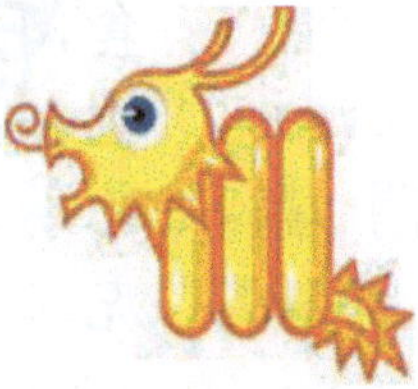 ？　　？

『辰』屬土 崗嶺 麥地 奇觀
　　　　土堆 墳墓 田園
(人) 醜婦 僧道 僕人 屠宰
(物) 龍
(事)吉:醫人 藥物　凶:屠宰 爭競

# 巳

界： 動物界 (Animalia)
門： 脊索動物門 (Chordata)
亞門： 脊椎動物亞門 (Vertebrata)
綱： 爬行綱 (Reptilia)
目： 有鱗目 Squamata
亞目： 蛇亞目 Serpentes

『巳』屬火 為爐冶 鑊
(人)為婦人 乞丐
(物)蛇
(事)吉:文書 凶:夢寢 疾病

# 午

界： 動物界
門： 脊索動物門
亞門： 脊椎動物亞門
綱： 哺乳綱
目： 奇蹄目
科： 馬科
屬： 馬屬
種： 馬

『午』屬火 為廳堂 菜食
(人)宮女 使者 亭長 蠶姑
(物)馬
(事)吉:信息 文章 凶:驚疑 口舌

# 未

界： 動物界　　科： 牛科
門： 脊索動物門　　亞科： 羊亞科
綱： 哺乳綱　　屬： 羊屬
目： 偶蹄目　　種： 羊

『未』屬土 為庭院 墻垣 井 坎墓 茶房
(人)寡婦 師巫 父母 白頭翁 道人 放羊人
(物)羊 鷹
(事)吉:酒食 宴會 喜美
凶:官事 爭競 孝服 疾病

# 申

界： 動物界　　闊鼻下目（新世界猴）
門： 脊索動物門　　捲尾猴科
綱： 哺乳綱　　蜘蛛猴科
目： 靈長目　　狹鼻下目（舊世界猴）
亞目： 簡鼻亞目　　獼猴科

『申』屬金 為仙堂 神堂 道路 碓맑
城宇 祠廟 湖池
(人)公人 貴客 行人 軍徒
(物)猿猴 獅子
(事)吉:行程 奔走　凶:口舌 車輾
損失 疾病

# 酉

界： 動物界　目： 雞形目
門： 脊索動物門　科： 雉科
亞門： 脊椎動物亞門　屬： 雞屬
綱： 鳥綱　種： 雞

『酉』屬金 為碑碣 街巷 白塔
(人)外親 俾妾 婦女 陰貴人 賣酒人
(物)鴿 雉
(事)吉:清靜 恬淡 和合
凶:失財 疾患 離別
(此方得遇奇門可藏形遁跡)

# 戌

界： 動物界　目：食肉目
門： 脊索動物門　科：犬科
亞門： 脊椎動物亞門　屬：犬屬
綱： 哺乳綱　種：狼
亞種： 家犬

『戌』屬土 虛堂 牢獄 墳墓 寺觀
廁溷 死屍
(人)僧道 善人 孤寒 獄吏 屠兒
(物)驢 犬
(事)吉:僧道 凶:虛詐不實 走失爭競
牢獄之災

# 亥

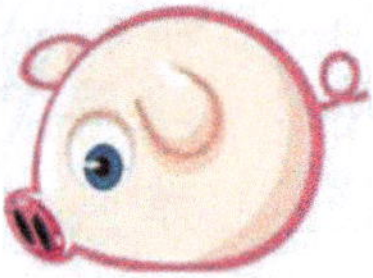

| | |
|---|---|
| 界： 動物界 | 目： 偶蹄目 |
| 門： 脊索動物門 | 科： 豬科 |
| 亞門：脊椎動物亞門 | 屬： 豬屬 |
| 綱： 哺乳綱 | 種： 豬 |

『亥』屬水 牢獄 庭廨 廝坑 寺院 江湖 樓台 倉房

(人)盜賊 小兒 乞丐 趕豬人 罪人

(物)豬

(事)吉:婚姻 乞索 凶:爭鬥 難產

術理之學　雖精微而言淺

性命之旨　最奧妙而幽深

德業所感可以改變定數

因德能養氣而移數

數移則相變

為何善易者不卜　良有以也

## 德倉之友

群雁南飛知節候
沉魚往返隨潮流
知命掌運明白人生
信心勇氣陪伴人生
來來來來學習
去去去去實踐
相識相知在德倉
惜緣惜福在德倉

## 三語學校歌

教育根基在幼年
語言學習要淺顯
大樹流水重淵源
使命扛載無勞怨
小朋友 中朋友 老朋友
通通來上學
終身進修好模範
栽培賢良合家歡
起立 敬禮 請坐下

## 美心協會會歌

人生旅程 有苦有樂 有喜有悲
求取中道 培養勇氣
信心堅毅　我們有緣 共聚一堂
開創未來 步履穩定
美心 美心 美心　美化心靈 淨化人心
師友 師友 師友　亦師亦友 互相成全
美心師友 繼續成長 永遠傳承

## 東震之歌

我們是中華文化的傳承人
我們是五術精華的研習人
山醫命相卜 理術並重
立德立功立言 修身修心養性
東震為家 家是東震
為天地立心 為生民立命
我們是知命運命的領航人
我們是創命造福的見證人
木火土金水 五行調理
愛心尊重關懷 事業志業同行
東震為心 心繫東震
為往聖繼絕學 為萬世開太平

## 東震進行曲

開創事業一身膽
網常倫理兩肩扛
復興文化大家擔
眾醉獨醒我明朗
東震東震
根苗花果見真章
東震東震
流芳千古立志向
啦…流芳千古立志向

## 東震與我

我若是為名 東震不如從政
我若是為利 東震不如從商
只因文化傳承 只因理念合一
我願意在東震研修五術
我願意在東震鍛鍊品格
我不怕辛苦 期待你的成長
我不怕疲憊 為了實踐承諾
只因生命可貴 只因疾苦得救
我祝福東震承繼使命
我祝福東震流芳千古

## 龍門之歌

我們是龍的傳人　　肩負著時代使命
為天地立心　為生民立命
為往聖繼絕學　　為萬世開太平
既然是龍的傳人　當懂得生命意義
鯉魚躍龍門　考試必登科
子承父訓鯉庭　　人生瞬間光明
龍門是龍的傳人　　文人要相親相敬
指點你迷津　命運一帆風順
龍門龍門龍門　　龍　門

## 台商之歌

我們是在異國經營人生的好漢
來自台灣福爾摩沙　　去向天涯四面八方
耐苦任勞 勇敢承擔
縱有千種鄉愁 只能隱藏心房
遙望故鄉 深深思念 常常憶想
寄語星星月亮太陽
祝福我可愛的家鄉
人人平安 家家吉祥
我們　腳踏實地　開疆闢壤
奮發向上　　莊敬自強
但願　衣錦還鄉　不負所望
但願　功成名就　榮耀國邦

## 浣花煙竹

浣去繁華入尼山
花來點翠風弄影
煙水茶中說前因
竹屏籬下看後果

## 大元之歌

大哉中華 產官學商兼容併蓄
元會運世 共研哲理遑論驥老伏櫪
古今中外 引領人倫奔赴康莊
龍山屏障屹立於社會 渾然砥柱天成
書香飄逸 流芳四海
自在格局心繫文化家國 五湖交誼
能人志士歡聚一堂
知識智慧注入生活
同享才學精華
提攜後進 一起邁向未來

# 地支及神煞深論

講師：廖尉掬

## 地支盤

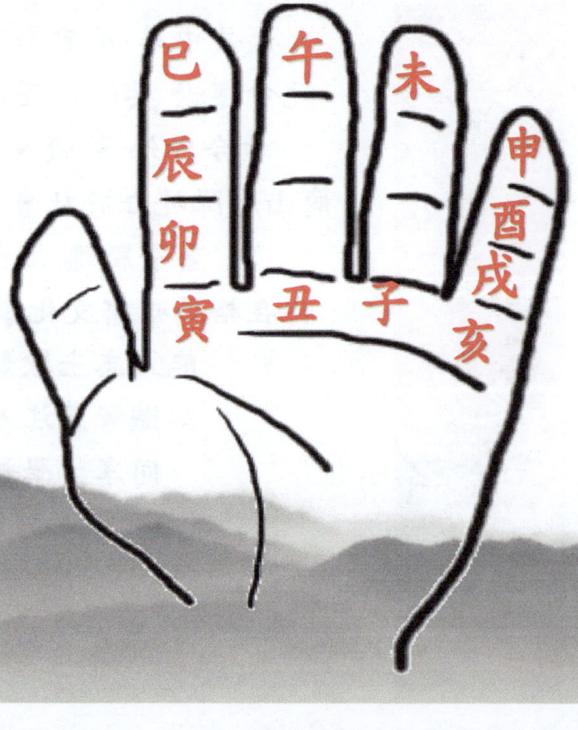

## 天德

月令對干支

| | | | |
|---|---|---|---|
| 辛 | 亥 | 甲 | 癸 |
| 壬 | | | 寅 |
| 申 | | | 丙 |
| 丁 | 庚 | 巳 | 乙 |

## 月德

月令對日干

| | | | |
|---|---|---|---|
| 庚 | 丙 | 甲 | 壬 |
| 壬 | | | 庚 |
| 甲 | | | 丙 |
| 丙 | 庚 | 壬 | 甲 |

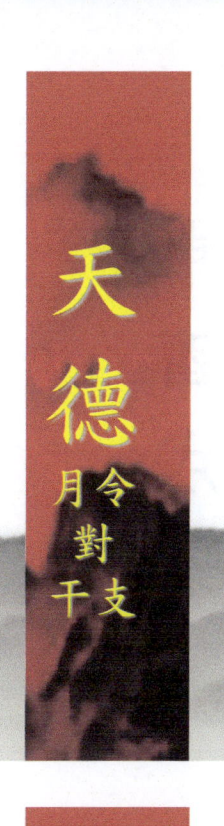

天乙
日干對地支
甲戊庚
辛
壬癸
巳
午
未
申
乙己
辰
酉
丙丁
壬癸
卯
戌
辛
寅
丑
子
亥
甲戊庚
乙己
丙丁

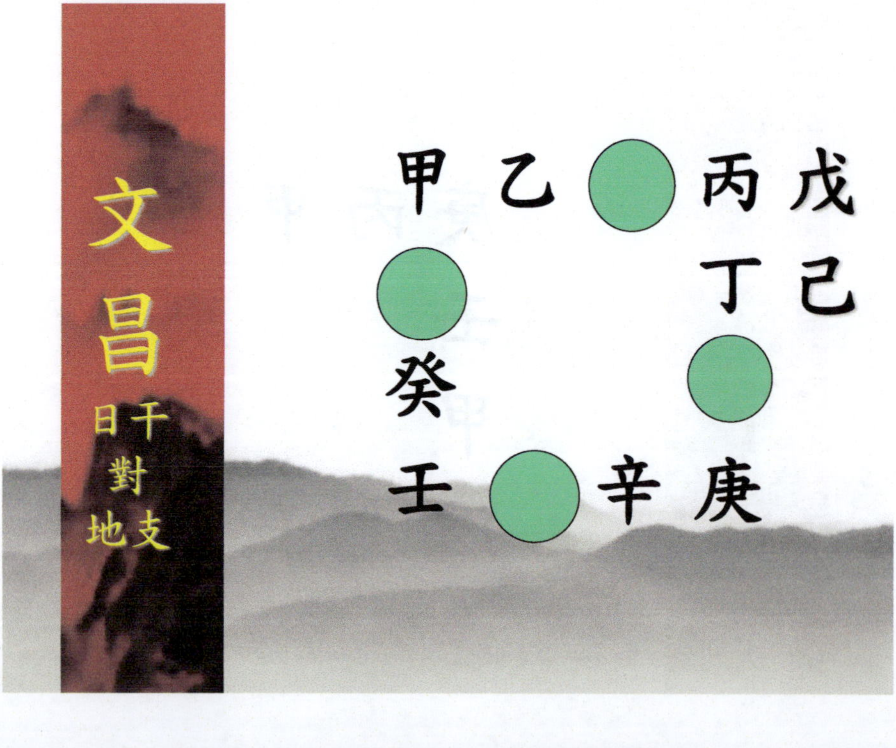
文昌
日干對地支
甲
乙
丙
戊
丁
己
癸
壬
辛
庚

## 紅艷

日干對地支

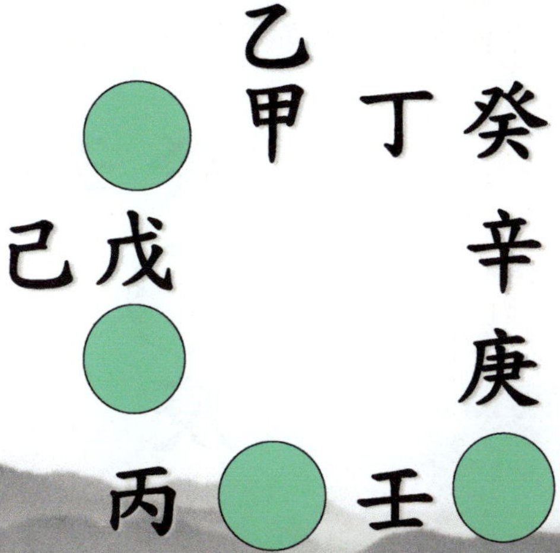


## 陽刃

日干對地支

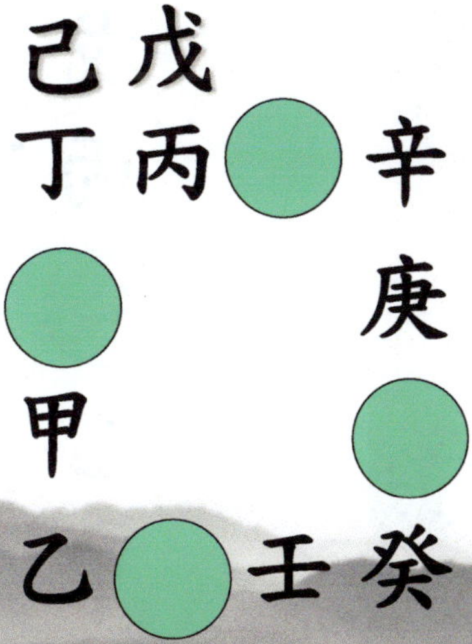

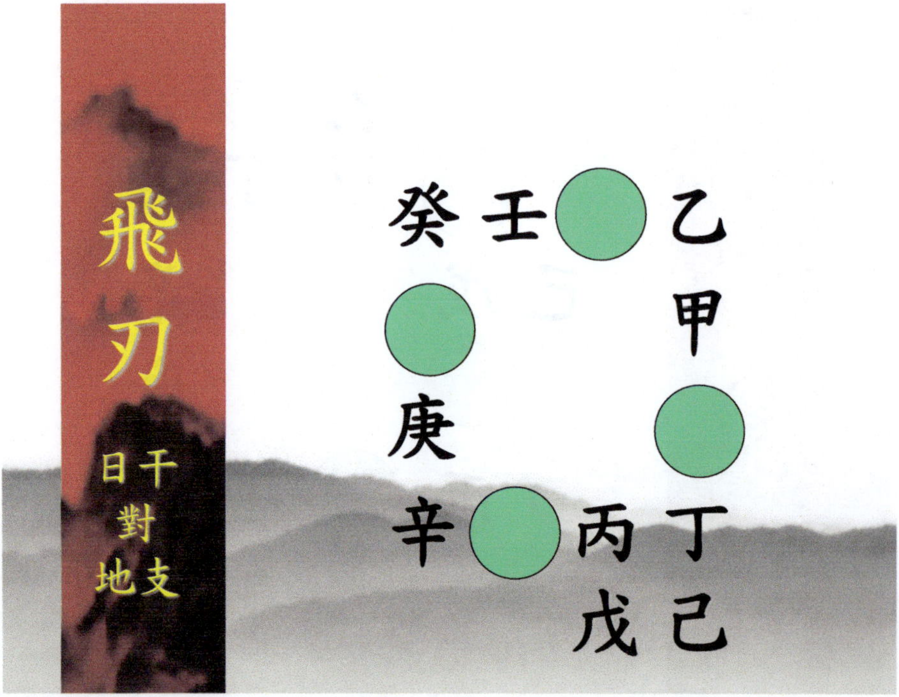

飛刃
日干對地支
癸 壬 乙
甲
庚
辛 丙 丁
戊 己

日干祿
臨官
戊 己
丙 丁 庚
辛
乙
甲 癸 壬

孤鸞
丁
癸
戊
甲
辛

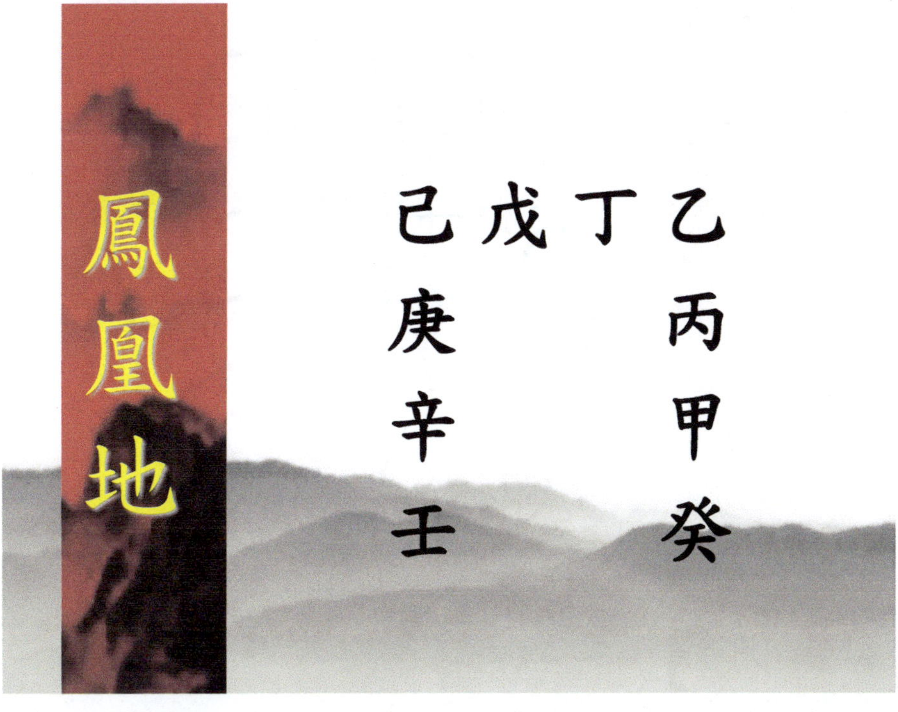
鳳凰地
乙丙甲癸
丁
戊
己庚辛壬

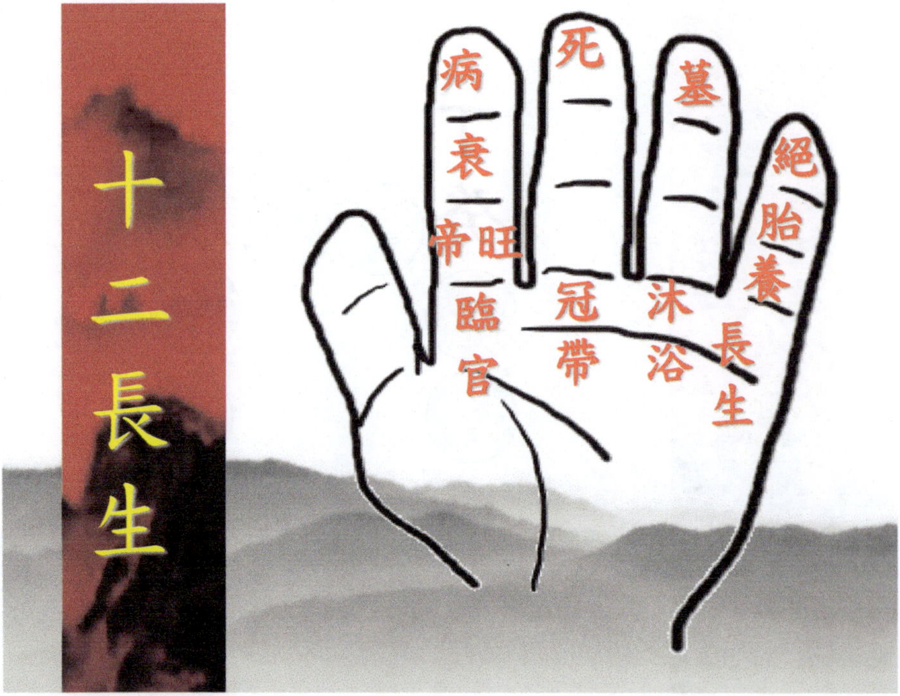
十二長生
病
衰
帝旺
臨官
死
冠帶
墓
沐浴
絕
胎
養
長生

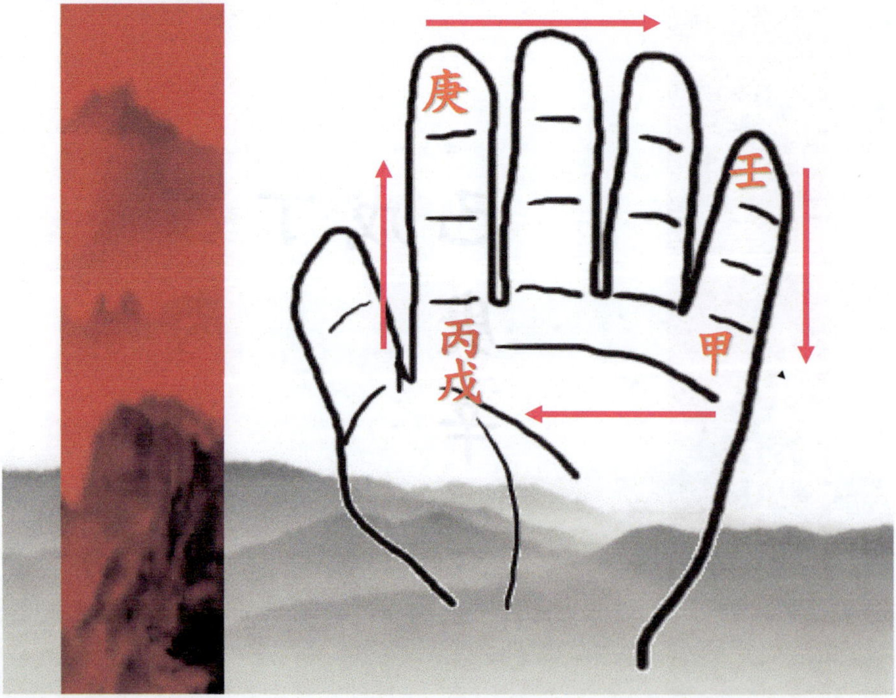
庚
丙戌
壬
甲

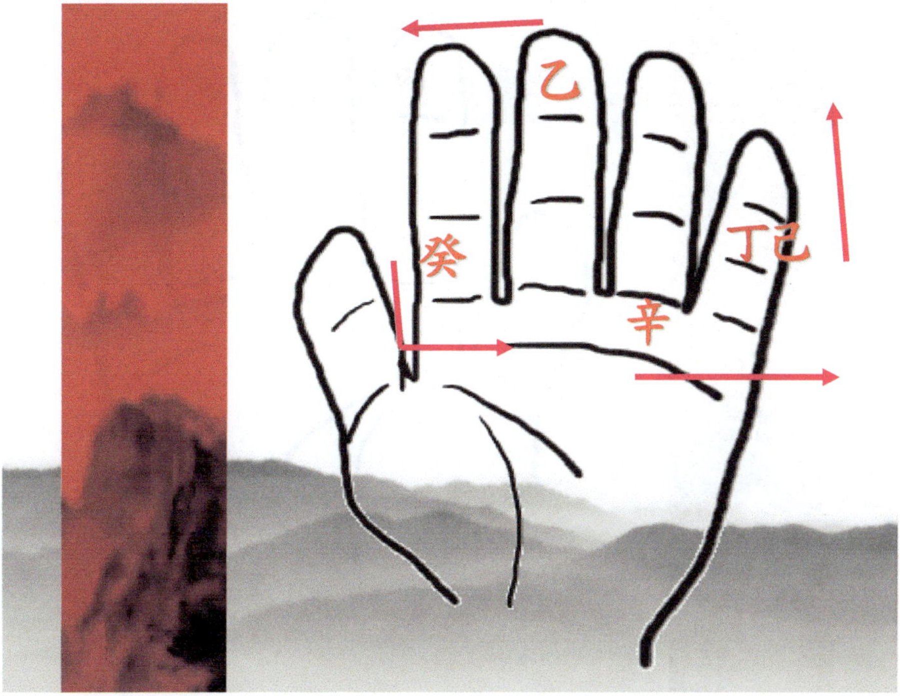
乙
癸
丁己
辛

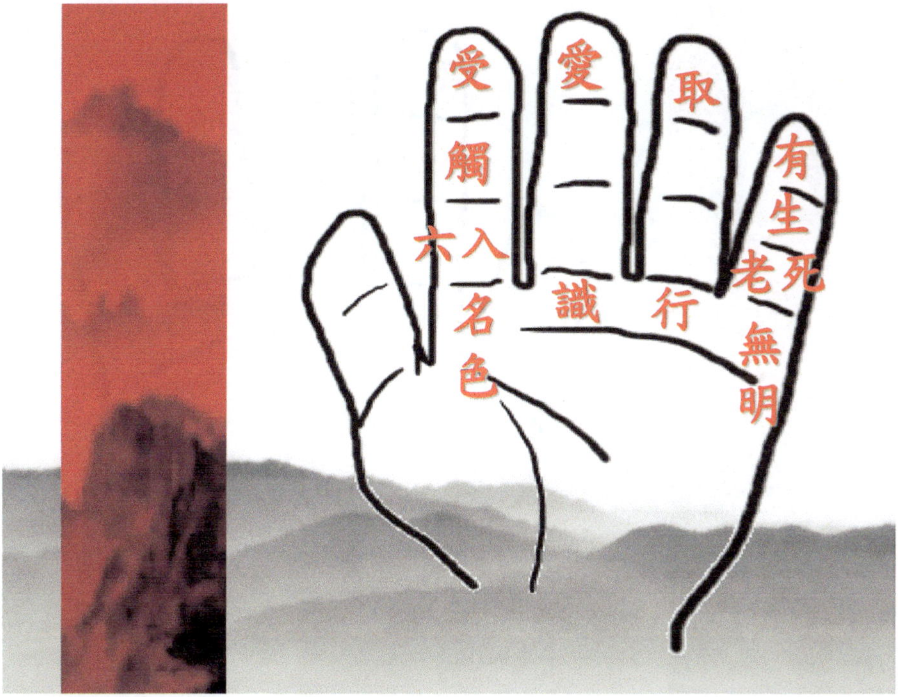
受
愛
取
觸
有
生
六入
老死
名
識
行
無明
色

## 九十一年壬午年

## 九十二年癸未年

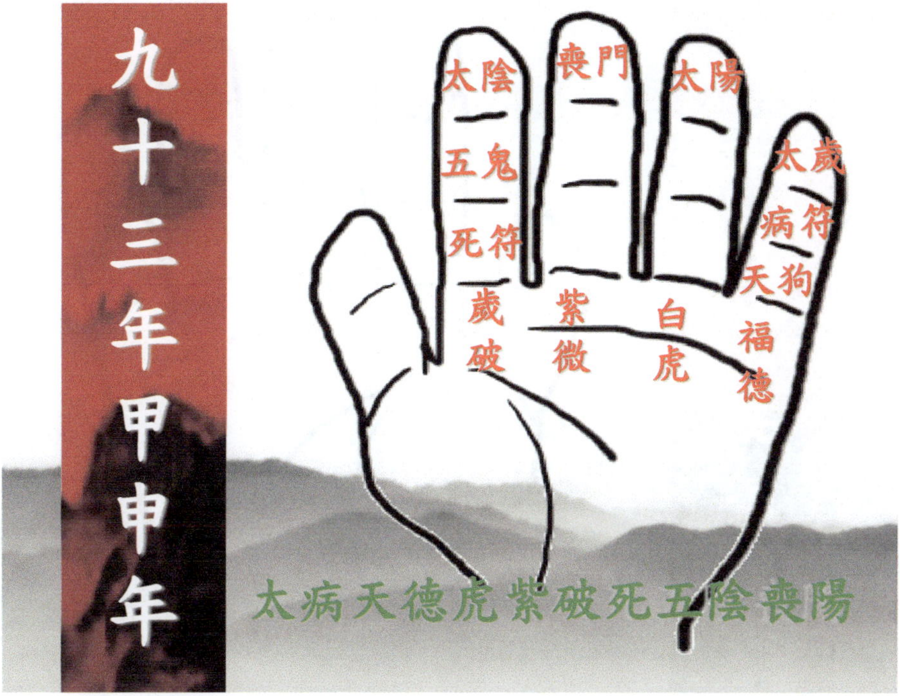
九十三年甲申年
太陰
喪門
太陽
五鬼
太歲
死符
病符
天狗
歲破
紫微
白虎
福德
太病天德虎紫破死五陰喪陽

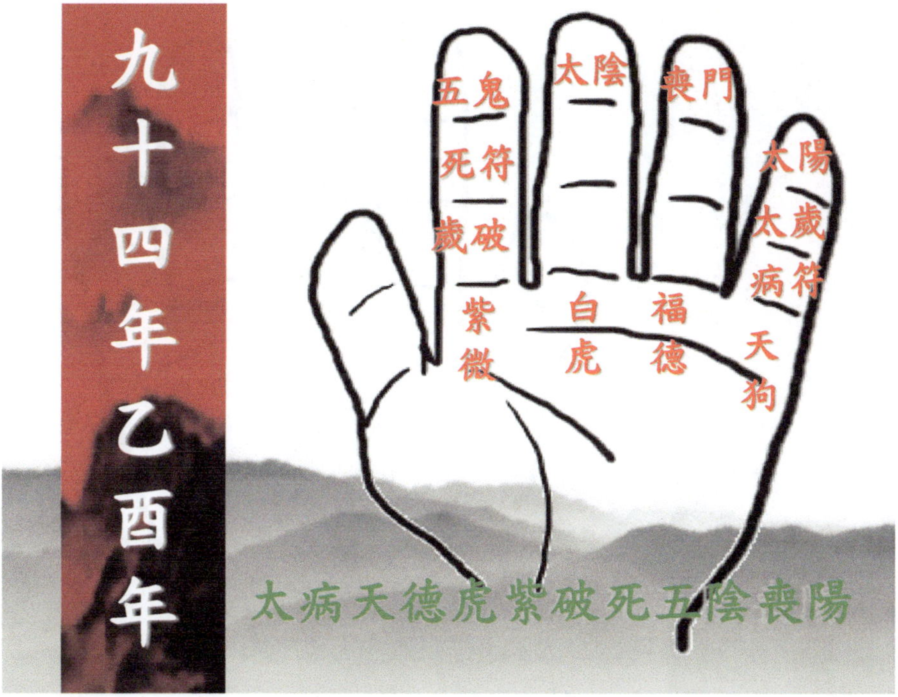
九十四年乙酉年
五鬼
太陰
喪門
死符
太陽
歲破
太歲
病符
紫微
白虎
福德
天狗
太病天德虎紫破死五陰喪陽

九十五年丙戌年

九十六年丁亥年

## 九十七年戊子年

## 九十八年己丑年

# 九十九年庚寅年

# 一百年辛卯年

## 101 壬辰年

## 102 癸巳年

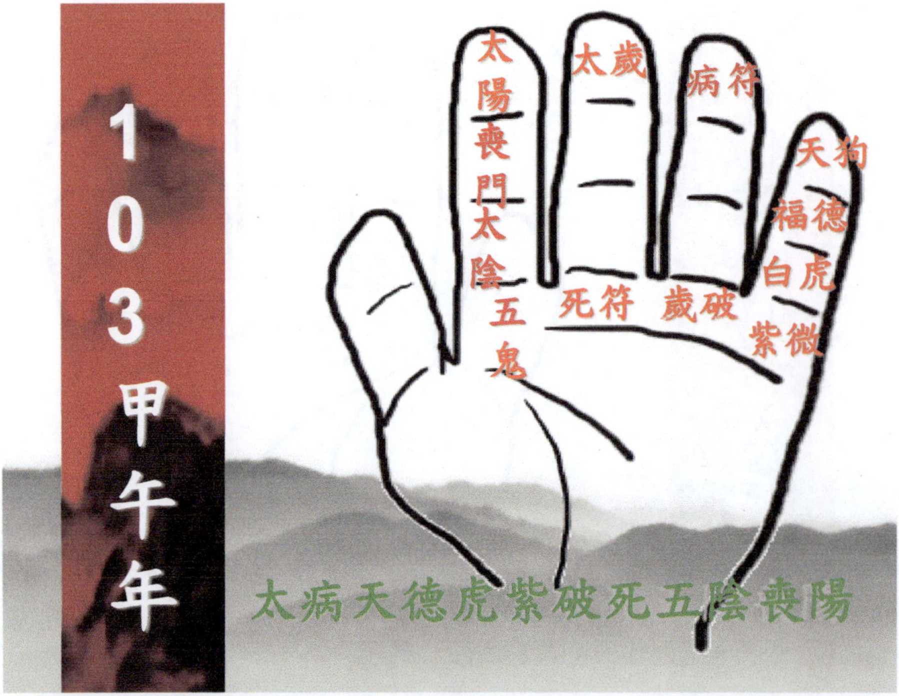
103甲午年
太陽
喪門
太陰
五鬼
太歲
病符
天狗
福德
白虎
紫微
死符
歲破
太病天德虎紫破死五陰喪陽

東西四命
講師：廖尉掬

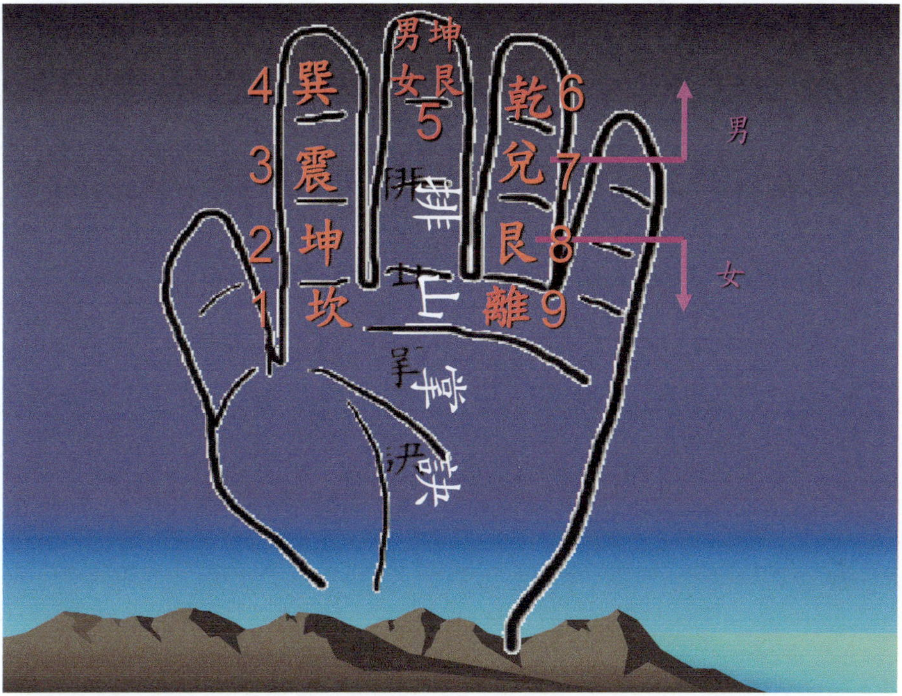
男 坤
女 艮
4 巽
5
乾 6
3 震
兌 7
2 坤
艮 8
1 坎
離 9
男
女
排山掌訣

年次相加到個位數
例： 男命45年4+5=9…艮卦
女命93年9+3=12=1+2=3…坎卦
(西元年扣除1911)

東四命
•坎震巽離1 3 4 9

西四命
•乾坤艮兌2 5 6 7 8

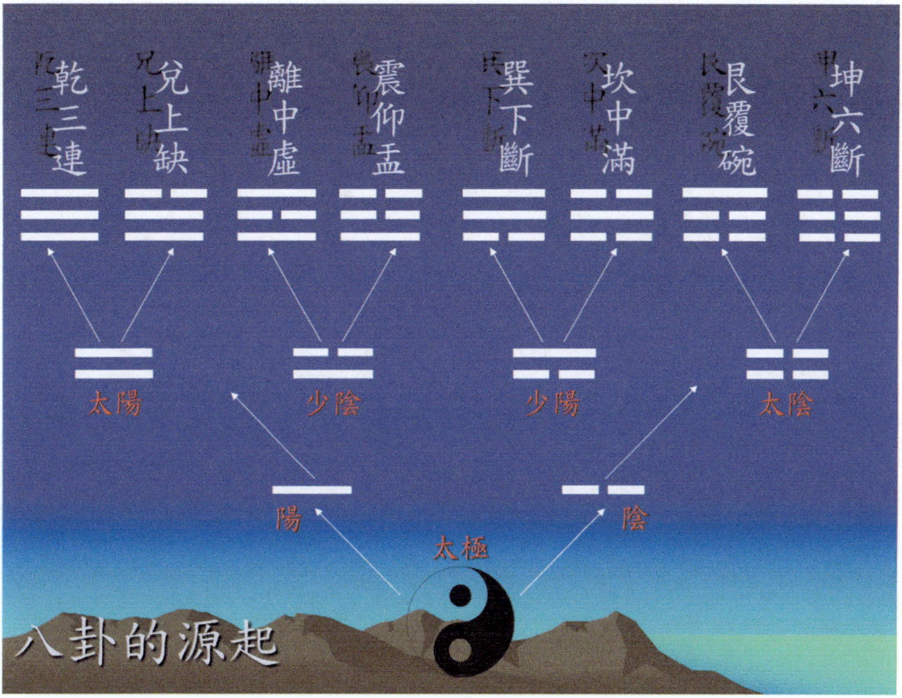
八卦的源起
乾三連
兌上缺
離中虛
震仰盂
巽下斷
坎中滿
艮覆碗
坤六斷
太陽
少陰
少陽
太陰
陽
陰
太極

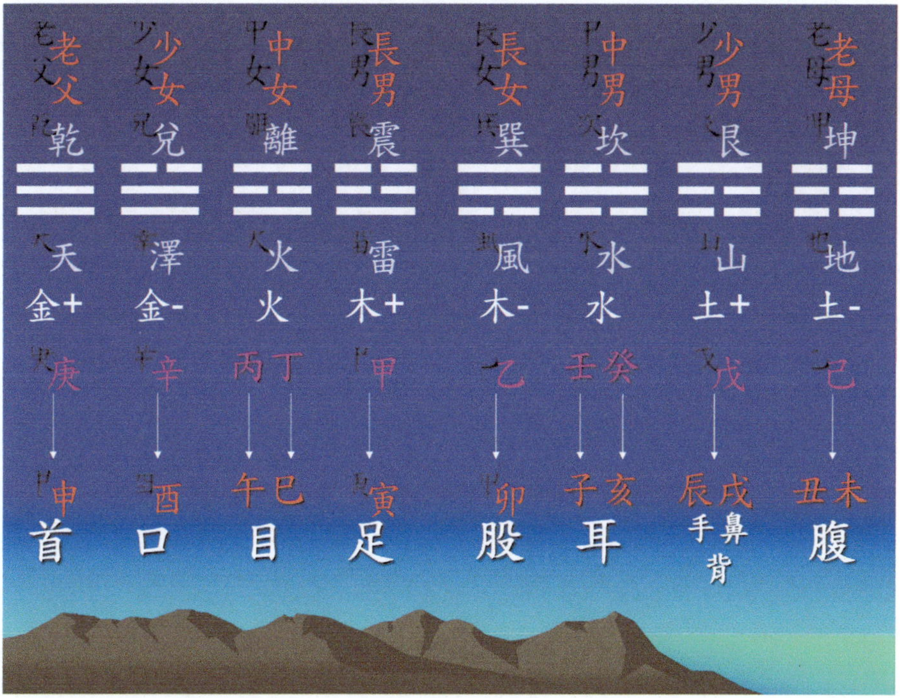
老父 乾 天 金+ 庚 申 首
少女 兌 澤 金- 辛 酉 口
中女 離 火 火 丙 丁 午 巳 目
長男 震 雷 木+ 甲 寅 足
長女 巽 風 木- 乙 卯 股
中男 坎 水 水 壬 癸 子 亥 耳
少男 艮 山 土+ 戊 辰 戌 手 鼻 背
老母 坤 地 土- 己 丑 未 腹

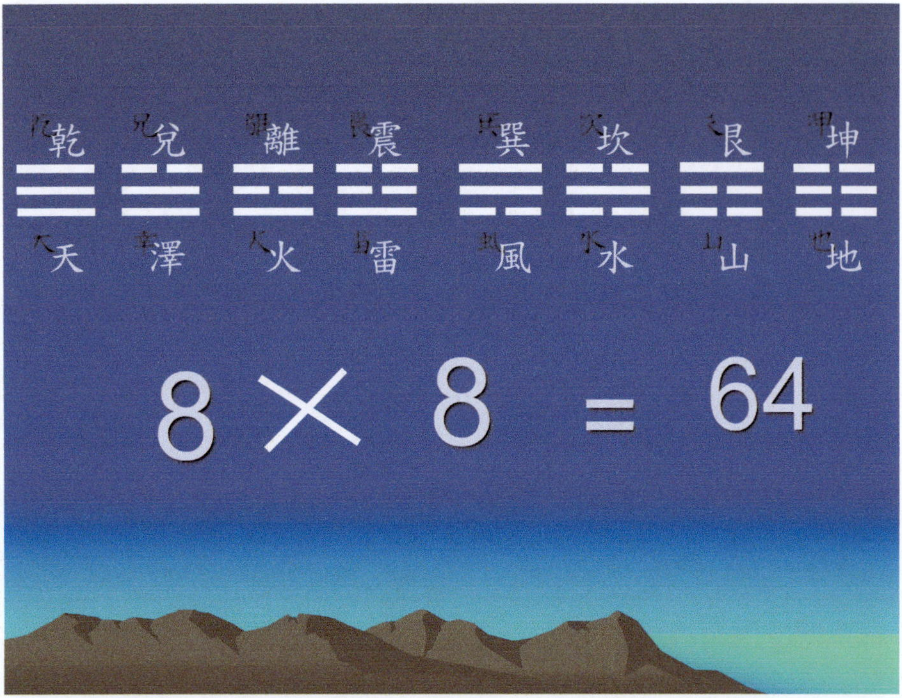
乾 兌 離 震 巽 坎 艮 坤
天 澤 火 雷 風 水 山 地
8 × 8 = 64

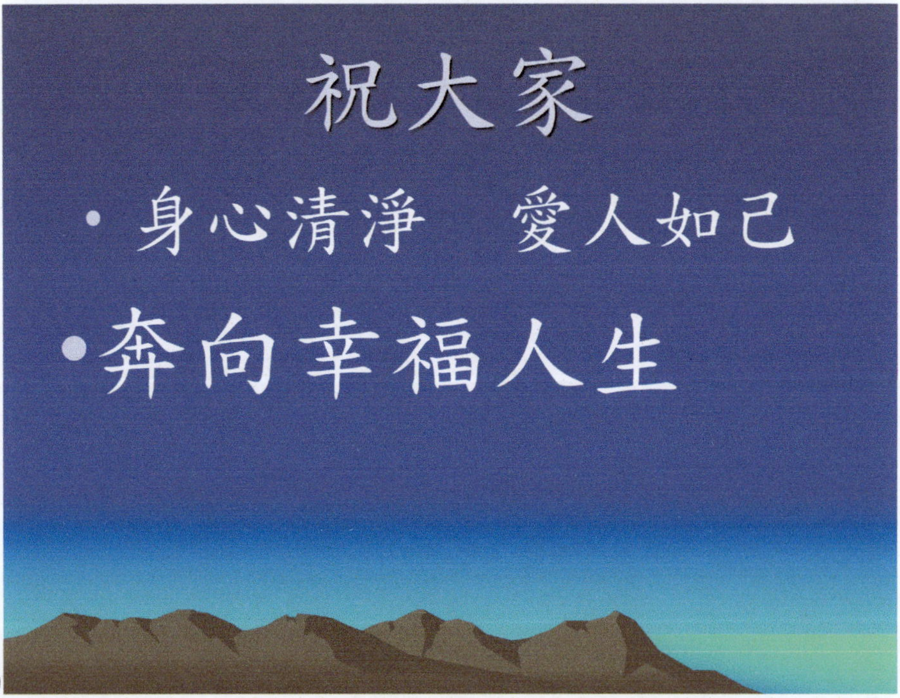
祝大家
• 身心清淨　愛人如己
• 奔向幸福人生

## 十二月(陽)

瓜桂菊陽
荔葭
蒲臘
梅桐花端

## 十二月(陰)

涼壯玄良
暑韋
皋蠟
麥嘉令正

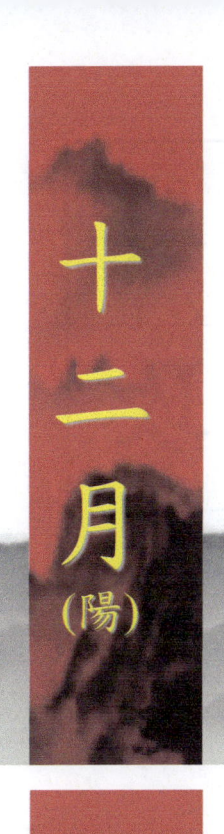

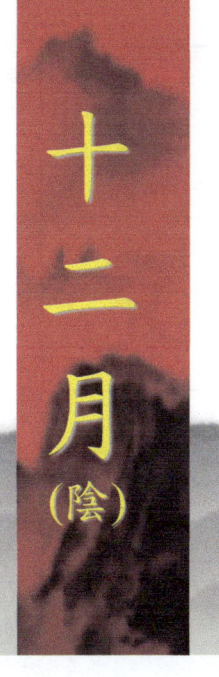

## 八卦（先天）

| | | |
|---|---|---|
| 兌 | 乾 | 巽 |
| 離 | | 坎 |
| 震 | 坤 | 艮 |

## 八卦（後天）

| | | |
|---|---|---|
| 巽 | 離 | 坤 |
| 震 | | 兌 |
| 艮 | 坎 | 乾 |

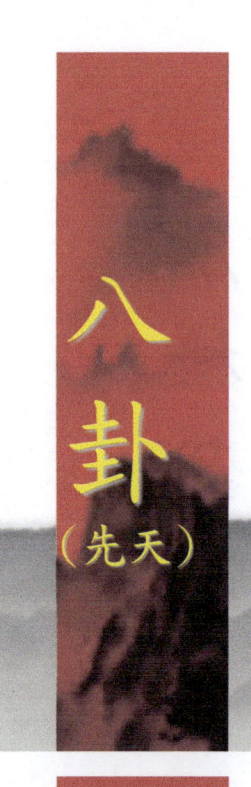

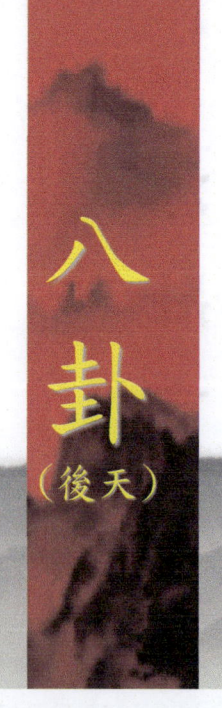

# 二十八星宿

| | | |
|---|---|---|
| 軫 角 亢 | 翼張星柳 | 井 鬼 參 |
| 氐房心尾 | | 觜畢昴胃 |
| 箕 斗 牛 | 女虛危室 | 婁 奎 壁 |

# 日月火水木金土

| | | |
|---|---|---|
| 水 木 金 | 火月日土 | 木 金 水 |
| 土日月火 | | 火月日土 |
| 水 木 金 | 土日月火 | 金 木 水 |

# 二十八宿

| | | |
|---|---|---|
| 蚓 蛟 龍 | 蛇 鹿 馬 獐 | 羊 犴 猿 |
| 貉 兔 狐 虎 | | 猴 烏 雞 雉 |
| 豹 獬 牛 | 蝠 鼠 燕 豬 | 狗 狳 狼 |

# 六十納音甲子

| 五行 | 子丑<br>午未 | 寅卯<br>申酉 | 辰巳<br>戌亥 |
|---|---|---|---|
| 甲乙 | 錦 | 江 | 煙 |
| 丙丁 | 沒 | 谷 | 田 |
| 戊己 | 營 | 堤 | 柳 |
| 庚辛 | 掛 | 杖 | 錢 |
| 壬癸 | 林 | 鐘 | 滿 |

# 六十納音甲子

| | | | | | |
|---|---|---|---|---|---|
| 甲子 | 寅 | 辰 | 午 | 申 | 戌 |
| 乙丑 | 卯 | 巳 | 未 | 酉 | 亥 |
| 丙子 | 寅 | 辰 | 午 | 申 | 戌 |
| 丁丑 | 卯 | 巳 | 未 | 酉 | 亥 |
| 戊子 | 寅 | 辰 | 午 | 申 | 戌 |
| 己丑 | 卯 | 巳 | 未 | 酉 | 亥 |
| 庚子 | 寅 | 辰 | 午 | 申 | 戌 |
| 辛丑 | 卯 | 巳 | 未 | 酉 | 亥 |
| 壬子 | 寅 | 辰 | 午 | 申 | 戌 |
| 癸丑 | 卯 | 巳 | 未 | 酉 | 亥 |

甲己子午
(9)
乙庚丑未
(8)
丙辛寅申
(7)
丁壬卯酉
(6)
戊癸辰戌
(5)
巳亥(4)

甲子乙丑
9+9+8+8=
34
49-
34=15
15除5=3
餘數0
以土生金
所以屬金

# 六十納音甲子

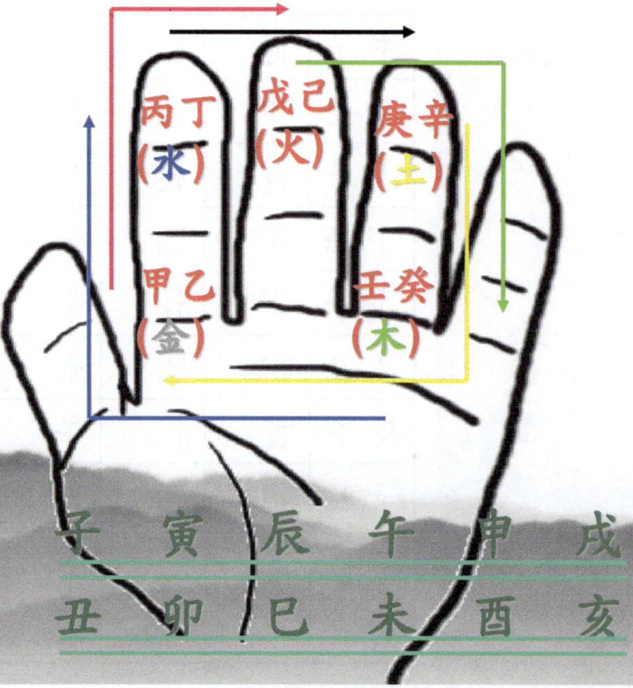


六十納音甲子

| | | | | | |
|---|---|---|---|---|---|
| 甲子 | 寅 | 辰 | 午 | 申 | 戌 |
| 乙丑 | 卯 | 巳 | 未 | 酉 | 亥 |
| 丙子 | 寅 | 辰 | 午 | 申 | 戌 |
| 丁丑 | 卯 | 巳 | 未 | 酉 | 亥 |
| 戊子 | 寅 | 辰 | 午 | 申 | 戌 |
| 己丑 | 卯 | 巳 | 未 | 酉 | 亥 |
| 庚子 | 寅 | 辰 | 午 | 申 | 戌 |
| 辛丑 | 卯 | 巳 | 未 | 酉 | 亥 |
| 壬子 | 寅 | 辰 | 午 | 申 | 戌 |
| 癸丑 | 卯 | 巳 | 未 | 酉 | 亥 |

## 三奇

甲戊庚 ⟶ 天

乙丙丁 ⟶ 地

壬癸辛 ⟶ 人

## 魁罡

壬辰

庚辰

庚戌

戊戌

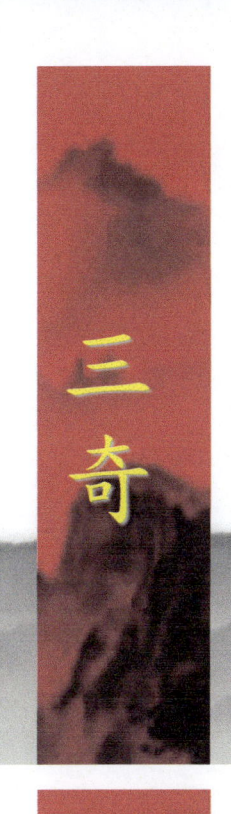

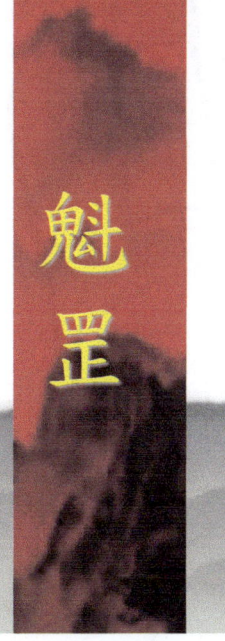

# 金神

巳酉丑
己癸乙

# 命宮

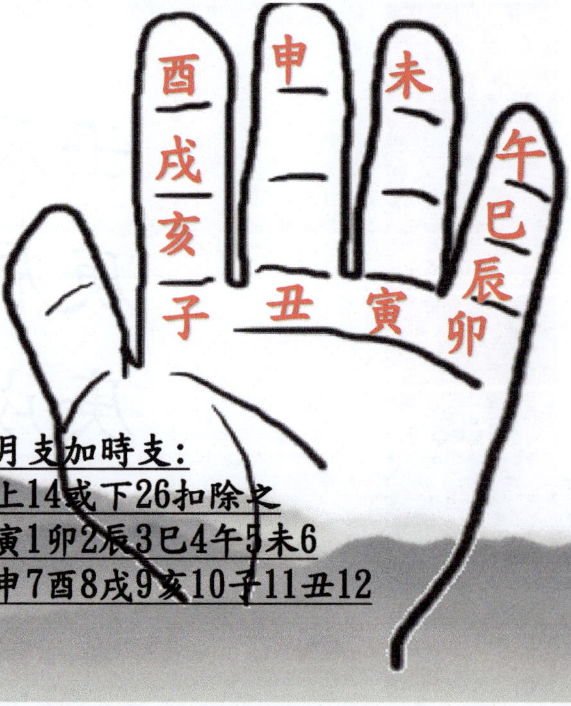


月支加時支：
上14或下26扣除之
寅1卯2辰3巳4午5未6
申7酉8戌9亥10子11丑12

| 日支 | 將星 | 華蓋 | 驛馬 |
|---|---|---|---|
| 申子辰: | 子 | 辰 | 寅 |
| 寅午戌: | 午 | 戌 | 申 |
| 亥卯未: | 卯 | 未 | 巳 |
| 巳酉丑: | 酉 | 丑 | 亥 |

## 孤辰

年支

| | | | |
|---|---|---|---|
| 申 | 申 | 申 | 亥 |
| 巳 | | | 亥 |
| 巳 | | | 亥 |
| 巳 | 寅 | 寅 | 寅 |

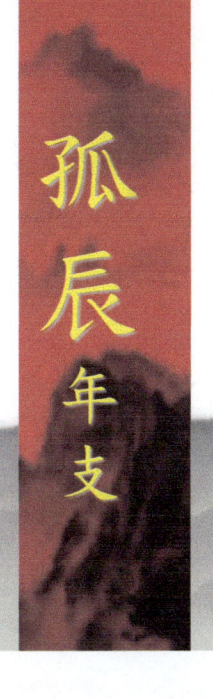

# 寡宿年支

| | | | |
|---|---|---|---|
| 辰 | 辰 | 辰 | 未 |
| 丑 | | | 未 |
| 丑 | | | 未 |
| 丑 | 戌 | 戌 | 戌 |

# 陰錯陽差

| | | | |
|---|---|---|---|
| 癸 | 丙 | 丁 | 戊 |
| 壬 | | | 辛 |
| 辛 | | | 壬 |
| 戊 | 丁 | 丙 | 癸 |

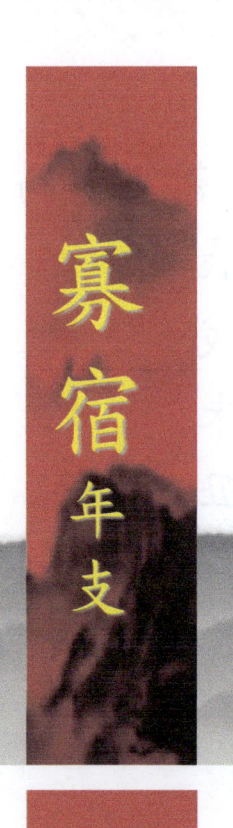

## 劫煞 日支

| | | | |
|---|---|---|---|
| 寅 | 亥 | 申 | 巳 |
| 巳 | | | 寅 |
| 申 | | | 亥 |
| 亥 | 寅 | 巳 | 申 |

## 亡神 日支

| | | | |
|---|---|---|---|
| 申 | 巳 | 寅 | 亥 |
| 亥 | | | 申 |
| 寅 | | | 巳 |
| 巳 | 申 | 亥 | 寅 |

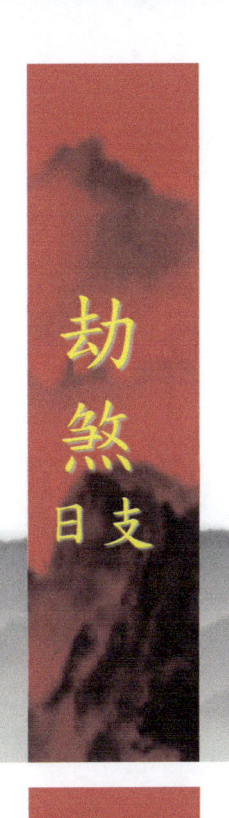

## 桃花
日支

| | | | |
|---|---|---|---|
| 午 | 卯 | 子 | 酉 |
| 酉 | | | 午 |
| 子 | | | 卯 |
| 卯 | 午 | 酉 | 子 |

## 天元一氣支辰一氣

- 年月日時天干或地支同一字是也

五行俱足格：
四柱 胎元 命宮
求出納音五行全是也

## 劫財

手足朋友之往來

朋友多開銷大

薄己利他 錢財耗損

個性偏激 冷酷

雙重人格

不認輸　堅持 高深莫測

獨當一面　膽大包天

## 比肩

同輩平輩之往來

同性相斥

自我意識 自尊心

剛烈不魯莽 自立門戶

獨立經營自主之職

宜保持距離

## 食神

食祿之星
福蔭之屬性
多晚輩
子息緣
為人付出
吃好穿好
表現慾
謀用實力
以柔剋剛

## 傷官

傷害丈夫　上司　老闆
自食其力　特別才華
聰明才智外露　外向多情
愛出風頭　在意別人評價
愛掌聲　成就慾望
咄咄逼人　表演天份
宜公司機關之高級主管

## 正財

固定錢財　辛苦賺來之財
不動產土地房屋
領薪階級　追求安定感
刻苦耐勞　安分守己
重視家庭　眼見為憑
朝九晚五　內勤人員
較務實　與神佛較無緣

## 偏財

生意上流動往來之財
家具珠寶證券
佣金收入
慷慨豪爽　機智權變
樂於助人　人緣佳
多才多藝　俠士作風
人生如戲劇得失分合

## 正官

管束　規範　紀律
政府長官　名望
禮數　含蓄保守
領導特色　明辨是非
管理才華
官多為鬼　易被欺壓
身體易得恐懼憂鬱症

## 七煞

不守禮數　叛逆性格
自主意志強　武職
逢小人　敵手　惡勢
權威　實力　偏激
勇氣　鬥志　樹敵
爆發力　表情冷峻

## 正印

得長輩　貴人　老師

母公司關愛

屬性溫柔細心　文書

有權柄　宗教信仰

精神感受　　學問內涵

喜追求新知　度量

以德報怨　長者風範

## 偏印

親族長輩

生意往來之客戶

獨特之思想能力

靠特殊專長清高以生財

個性城府較深

不善交際　多孤獨

思想高超　怪異藝術

## 刑

- 寅刑巳刑申刑寅
=無恩之刑
- 丑刑戌刑未刑丑
=恃勢之刑
- 子刑卯　卯刑子
=無禮之刑
- 亥辰酉午
=自刑

## 庫馬花

四庫：
辰戌丑未

四馬：
寅巳申亥

四花：
子午卯酉

| | | | | |
|---|---|---|---|---|
| | 日主 | | | 十神 |
| | | | | 天干 |
| | | | | 地支 |
| | | | | 地支藏干 |

人格凶數多罹內臟疾病呼吸器官

地格凶數多下半身四肢毛病

外格凶數多皮膚疾病或外傷

總格凶數一生起伏多舛

## 林野十禁忌

山中勿嚇人　見喪禁惜語
方便打招呼　足不踏墳頭
行路多言語　雨傘勿亂插
護身物護身　禁換內衣褲
觸喪旺處歇　言語不挑撥

## 探病凶日

壬寅　甲寅

乙卯　己卯

庚午　壬午

『子』之特性

夜行性　走路靠牆邊

保護自己

老鼠的心跳每分鐘高

達900次

給子人誠懇的建議：

要「活」

子

界：　動物界

門：　脊索動物門

亞門：　脊椎動物亞門

綱：　哺乳綱

目：　囓齒目

亞目：松鼠亞目

科：　鼠科

屬：　鼠屬

種：　鼠

『丑』之特性

苦勞性　忍氣又吞聲

牛有四個胃

瘤胃、蜂巢胃、

重瓣胃、皺胃

給丑人誠懇的建議：

要「變」

丑

界：動物界

門：脊索動物門

亞門：脊椎動物亞門

綱：哺乳綱

目：偶蹄目

科：牛科

屬：牛屬

種：牛

## 『寅』之特性

獨立性　地盤意識強烈

老虎一天睡十八個鐘頭

給寅人誠懇的建議：要「實」

寅

界：　動物界
門：　脊索動物門
亞門：　脊椎動物亞門
綱：　哺乳綱
目：　食肉目
科：　貓科
屬：　豹屬
種：　虎

## 『卯』之特性

警覺性　狡兔三窟

在月光明亮的夜晚，兔子活動性最強

給卯人誠懇的建議：要「穩」

卯

界：　動物界 Animalia
門：　脊索動物門 Chordata
綱：　哺乳綱 Mammalia
目：　兔形目 Lagomorpha
科：　兔科 Leporidae

『辰』之特性

王者性　日理萬機

皇帝身段

鯰鬚、蝦目、牛鼻、鹿角、
豬唇、 麒麟耳、鳳尾、蛇身
魚鱗、虎牙、 鷹爪、獅鬃

117片鯉魚鱗， 81片代表「善」屬陽
36片代表「惡」屬陰

辰

給辰人誠懇的建議：
要「誠」

？　？

『巳』之特性

防衛性　鑽研深究　亞馬遜
有一種樹蛇可以維持盤懸姿
態長達六個鐘頭

給巳人誠懇的建議：要「靜」

巳

界： 動物界（Animalia）
門： 脊索動物門（Chordata）
亞門： 脊椎動物亞門（Vertebrata）
綱： 爬行綱（Reptilia）
目： 有鱗目 Squamata
亞目： 蛇亞目 Serpentes

## 『午』之特性

群居性　馬的進化歷程充滿艱難險阻

四肢長著多個趾頭（前三後四）

給午人誠懇的建議：要「膽」

午

界：動物界
門：脊索動物門
亞門：脊椎動物亞門
綱：哺乳綱
目：奇蹄目
科：馬科
屬：馬屬
種：馬

## 『未』之特性

堅忍性　適應力極強

羔羊跪乳，用此比喻兒女對父母養育之恩的感激

給未人誠懇的建議：要「止」

未

界：動物界
門：脊索動物門
綱：哺乳綱
目：偶蹄目
科：牛科
亞科：羊亞科
屬：羊屬
種：羊

## 『申』之特性

### 群居性　模彷能力強

猴子跟狗和人一樣，
沒辦法由身體自產維他命

**給申人誠懇的建議：要「慢」**

申

| | |
|---|---|
| 界： 動物界 | 闊鼻下目（新世界猴） |
| 門： 脊索動物門 | 捲尾猴科 |
| 綱： 哺乳綱 | 蜘蛛猴科 |
| 目： 靈長目 | 狹鼻下目（舊世界猴） |
| 亞目： 簡鼻亞目 | 獼猴科 |

## 『酉』之特性

### 保護性　老鷹抓小雞

母雞護小雞
金門地區的風雞，
當地人用來祭拜以祈求少風

**給酉人誠懇的建議：要「斂」**

酉

| | |
|---|---|
| 界： 動物界 | 目： 雞形目 |
| 門： 脊索動物門 | 科： 雉科 |
| 亞門： 脊椎動物亞門 | 屬： 雞屬 |
| 綱： 鳥綱 | 種： 雞 |

『戌』之特性

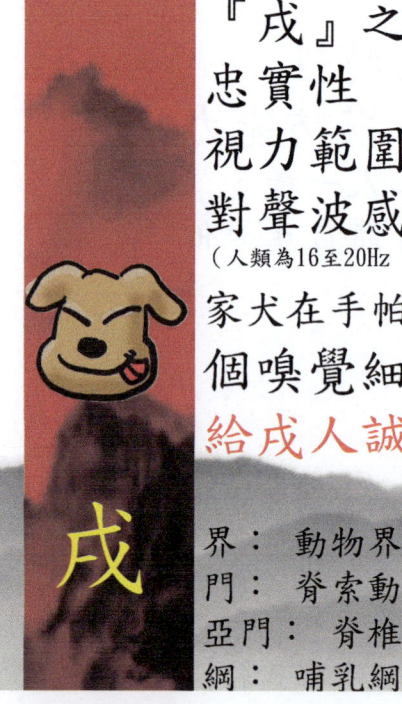

忠實性　狗擁有270°的視力範圍

對聲波感覺極限為20至70HZ
（人類為16至20Hz ）

家犬在手帕範圍大小有2億2000萬個嗅覺細胞

給戌人誠懇的建議：要「忠」

戌

界：動物界
門：脊索動物門
亞門：脊椎動物亞門
綱：哺乳綱
目：食肉目
科：犬科
屬：犬屬
種：狼
亞種：家犬

『亥』之特性

經濟性　豬的全身上下到骨頭都可以用

豬脖子只有一根筋，不能抬頭向天也不能回頭

給亥人誠懇的建議：要「做」

亥

界：動物界
門：脊索動物門
亞門：脊椎動物亞門
綱：哺乳綱
目：偶蹄目
科：豬科
屬：豬屬
種：豬

人生如何更美好
最持久的方式：
　文學和藝術
最快速的方式：
　商業和政治

贏家從問題中
看到答案，
相信答案
輸家在答案中
尋找問題，
擴大問題

# 測字學

講師：廖尉掬

人備萬物之一數
物物相通

字洩萬人之心意
人人各異

# 神秘文化

- 人與神
- 人與自然
- 人與人

思想類(哲學)天人說 萬物有靈論
五行 宗教……
民俗類(泛延)崇拜祭祀 擇吉禁忌
癖疾陋俗
方術類(主幹)預測 養生術 雜術
文獻類(府庫)周易 尚書 山海經
大藏經 道藏
人物類(表演者)巫師 術士 僧道
隱逸 善男信女
綜合類(寶藏)人事物 奇異

山－山勢水流　修密
醫－經絡　中醫　草藥
命－八字　紫微斗術
相－面相手相宅相…
卜－測字　卜卦　梅易

山學

- 修真(戰國)三鄒子
  鄒衍 鄒奭 鄒忌
- 地理風水:兵家
- 魯班
  晉　郭璞
- 唐 楊筠松

醫學

- 神農(百草)
- 歧伯(醫書)
- 黃帝
- (內外經　靈樞 素問)
- 扁鵲(針灸)
- 王惟一(銅人)

(醫) 張仲景　楊濟州　華佗

(藥) 陶弘景　孫思邈 李時珍

(脈) 王叔和

(方劑) 雷敦(筆記)

(傷) 銅人 顏寇雄

# 命學

- 仰視天象 俯察人事
- 天地人合一
- 黃帝 ➞大撓氏
  珞瑤子(戰國)
  李虛中(唐)➞
  徐子平(五代)➞
- 紫微斗數　宋 陳摶
  陳圖南　陳希夷　(扶瑤子)

子平法

斗數法

禽星法

相學
▶視其所以
▶觀其所由
▶察其所安
觀骨形審貴賤
覽形色知生死

卜學
▶易經 占卜
邵雍
六壬神課
奇門遁甲
疏風氣探徵候
聽鳥鳴識神機

五門

占驗門
符籙門
經典門
丹鼎門
積善門

三士

學士
修士
術士

## 測字原則

- 接腳　裝頭　減筆
- 添筆　摘取
- 破解　穿心　包籠
- 對關　觀梅
- 加冠　納履
- 八卦　九宮
- 三心易六法

會意　諧聲　象形
指事　假借　轉注

## 五大類

- 觀梅(以小箱放雜物為卜)
- 硯池(隨便席地設攤者)
- 踏青(專走茶肆酒樓者)
- 拔陽地(有固定住所者)
- 拔陰地(借住寺廟者)

## 減筆

▶勤 ⟶ 勒 功 革

## 添筆

▶止 ⟶ 正
此 ⟶ 扯

# 摘取

- 調 → 詞
- 吉 → 司

# 加冠

- 貝 → 貞
- 寶 → 賀

## 納履

- 自 → 息
- 臭 → 身

## 穿心

- 弓 → 弔
- 弗 → 夷

## 包籠

- 日 ⟶ 東
- 連 ⟶ 軍

## 對關

- 足 ⟶ 吳頭楚尾
- 善 ⟶ 美首喜足
- 茆 ⟶ 殘花敗柳
- 穴 ⟶ 富頭貴腳

指事

▶ 憑字論事
一斷定勝敗得失

假借

▶ 以當時環境　為旁助
▶ 晨間問為章
▶ 遇人為位
▶ 立 逢女為妾
▶ 見水為泣

## 轉注

- 轉輸　　灌注
- 也就是把字之形音義
- 灌輸到另一個新造字
- 同部轉注和異部轉注
- 夫 → 扶
- 莫 → 暮
- 王 → 旺

## 會意

- 堅 → 鑽之彌堅
- 徠 → 往來

虎字為鳳
為王為大人

象形

- 以字象形
- 戌 戍
- 辛 幸
- 荼 茶
- 卜 腰卦葫蘆
- 外 旌旗
- 亦 蝴蝶
- 酉似風箱
- 亞像欄杆
- 于似蛇
- 金如斷柄之傘

諧聲

- 瓊 ⟶ 窮
- 梨 ⟶ 離
- 桃 ⟶ 逃

## 觀梅

- 月有
- 圓缺　鈎弦　娥眉
- 本有
- 旺於春　　感於夏
  衰於秋　　枯於冬
- 利於東

## 九宮

- 把所拆的字分為三字一句
- 黯　先時黑　三十歲後前途光明
- 黑　不光明　未走運
- 立　而立之年　三十歲
- 日　見日即見光明

## 八大奇人

- 管輅(占卜)
- 南華老仙(仙人)
- 華佗(醫)
- 于吉(道士)
- 左慈(方士)
- 紫虛上人(隱士)
- 徐子將(相士)
- 司馬徽(水鏡先生)

## 唐宋八大家

- 韓愈
- 柳宗元
- 蘇洵
- 蘇轍
- 蘇軾
- 歐陽修
- 王安石
- 曾鞏

# 八仙

- 韓湘子
- 曹國舅
- 漢鐘離
- 荷仙姑
- 呂洞賓
- 李鐵拐
- 藍采和
- 張果老

# 六書

- 象形
- 形聲
- 會意
- 指事
- 轉注
- 假借

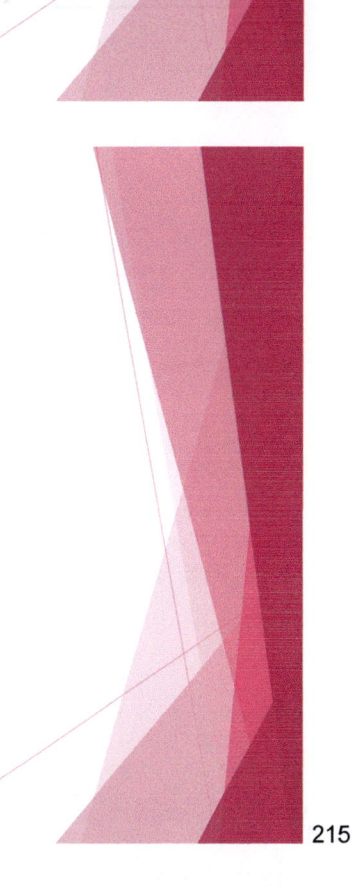

# 六十四卦

| 卦 | 乾天 | 兌澤 | 離火 | 震雷 | 巽風 | 坎水 | 艮山 | 坤地 |
|---|---|---|---|---|---|---|---|---|
| 乾天 | 天 | 夬 | 大有 | 大壯 | 小畜 | 需 | 大畜 | 泰 |
| 兌澤 | 履 | 澤 | 睽 | 歸妹 | 中孚 | 節 | 損 | 臨 |
| 離火 | 同人 | 革 | 火 | 豐 | 家人 | 既濟 | 賁 | 明夷 |
| 震雷 | 无妄 | 隨 | 噬嗑 | 雷 | 益 | 屯 | 頤 | 復 |
| 巽風 | 姤 | 大過 | 鼎 | 恆 | 風 | 井 | 蠱 | 升 |
| 坎水 | 訟 | 困 | 未濟 | 解 | 渙 | 水 | 蒙 | 師 |
| 艮山 | 遁 | 咸 | 旅 | 小過 | 漸 | 蹇 | 山 | 謙 |
| 坤地 | 否 | 萃 | 晉 | 豫 | 觀 | 比 | 剝 | 地 |

木土金水火

豎橫勾點曲

絕塞關心關塞絕
憐人可有可人憐
月為無痕無為月
年似多愁多似年
雪送花枝花送雪
天連水色水連天
別離還怕還離別
懸念歸期歸念懸

清明時節雨紛紛
路上行人欲斷魂
借問酒家何處有
牧童遙指杏花村

清明時節雨紛紛
路上行人欲斷魂
借問酒家何處有
牧童遙指杏花村

清明時節雨紛紛
路上行人欲斷魂
借問酒家何處有
牧童遙指杏花村

清明時節雨紛紛
路上行人欲斷魂
借問酒家何處有
牧童遙指杏花村

清明時節雨紛紛
路上行人欲斷魂
借問酒家何處有
牧童遙指杏花村

園中花化為灰

夕陽一點已西墜

相思淚心已碎

空聽馬蹄歸

秋日殘紅螢火飛

蘇

下樓來，金簪卜落

問蒼天，人在何方

恨王孫，一直去了。

罵寃家，馬去難留。吾口不開。

有上交，無下交。

皂白何需問?分開不用刀。

從今莫把仇人靠。

千里相思一撇消。

強爺勝祖有施為:孫權

鑿壁偷光夜讀書:孔明

縫線路中常思母:子思

老翁終日依門閭:太公望

一帆一槳一葉舟

一個漁翁一釣鉤

一俯一仰一場笑

一江明月一江秋

枇杷不是此琵琶
只因當年識字差
若使琵琶能結果
滿城簫鼓盡開花

又廟大廟兩相離
該死和尚去化齊
私孰先生查字曲
我也不是蘇東皮
（蘇軾）（1036-1101）

去頭無腳不是真(且)
雙人守土為何因(坐)
三人騎牛牛無角(奉)
草木其中有一人(茶)

月落烏啼霜滿天
江楓漁火對愁眠
姑蘇城外寒山寺
夜半鐘聲到客船

月落烏啼霜滿(屋)

江楓漁火對愁(哭)

姑蘇城外寒山寺

夜半鐘聲到(木瀆)

月落烏啼霜滿(地)

江楓漁火對愁(泣)

姑蘇城外寒山寺

夜半鐘聲到(這裡)

陽宅學
講師：廖尉掬

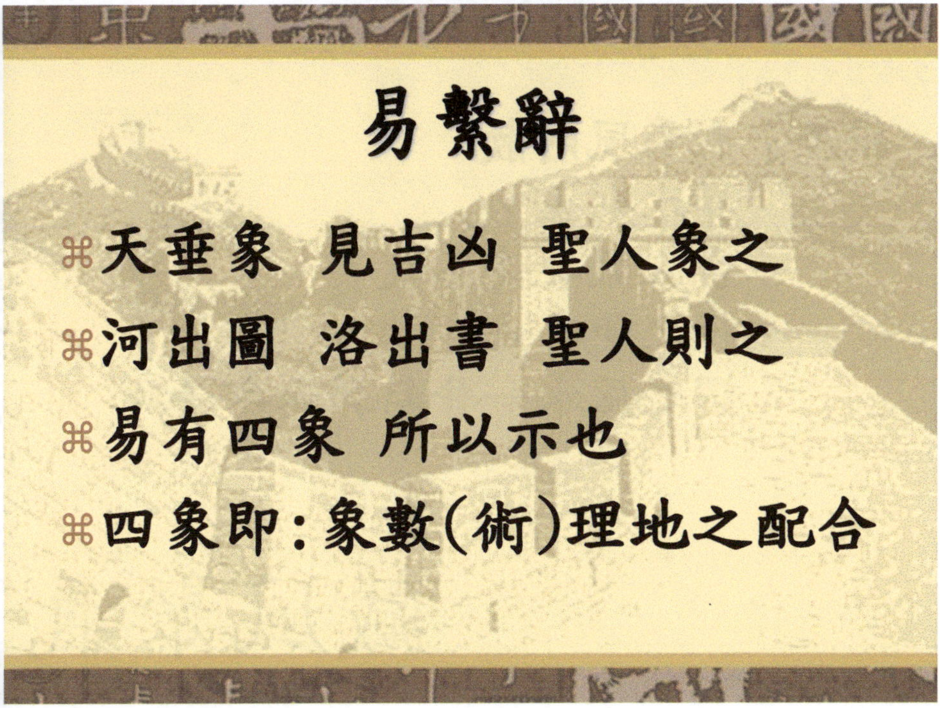
易繫辭
⌘天垂象 見吉凶 聖人象之
⌘河出圖 洛出書 聖人則之
⌘易有四象 所以示也
⌘四象即：象數(術)理地之配合

視其象
知其數
明其理
審其地

→

以判吉凶
為研究
陰陽
風水
之首要

葬經：氣乘風則散
界水則止，
古人聚之使不散，
行之使有止，
謂之風水－晉朝郭璞字景純

藏風聚氣

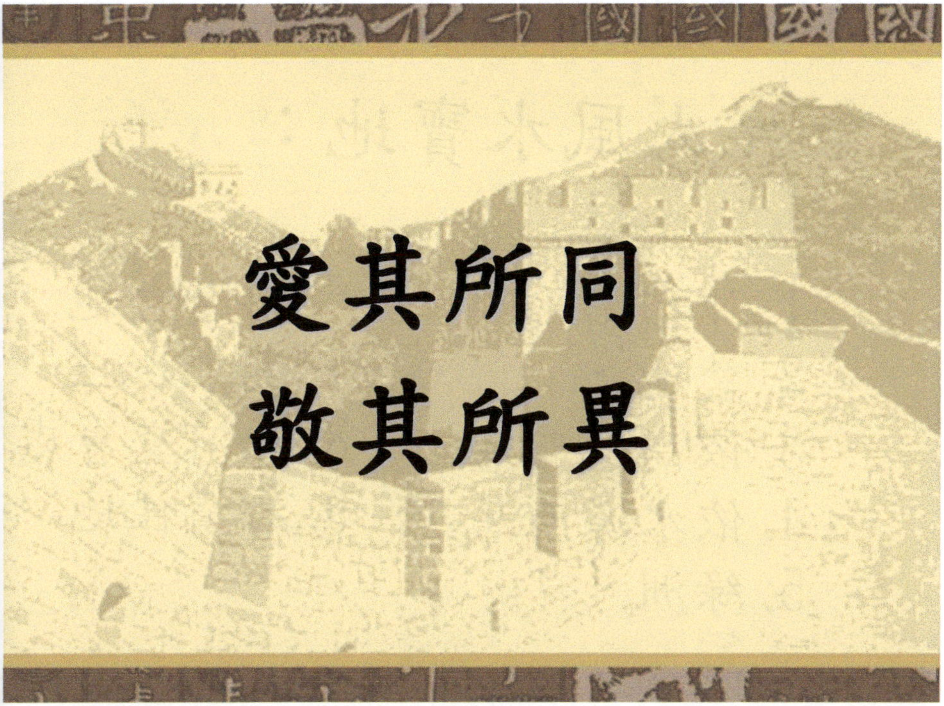
愛其所同
敬其所異

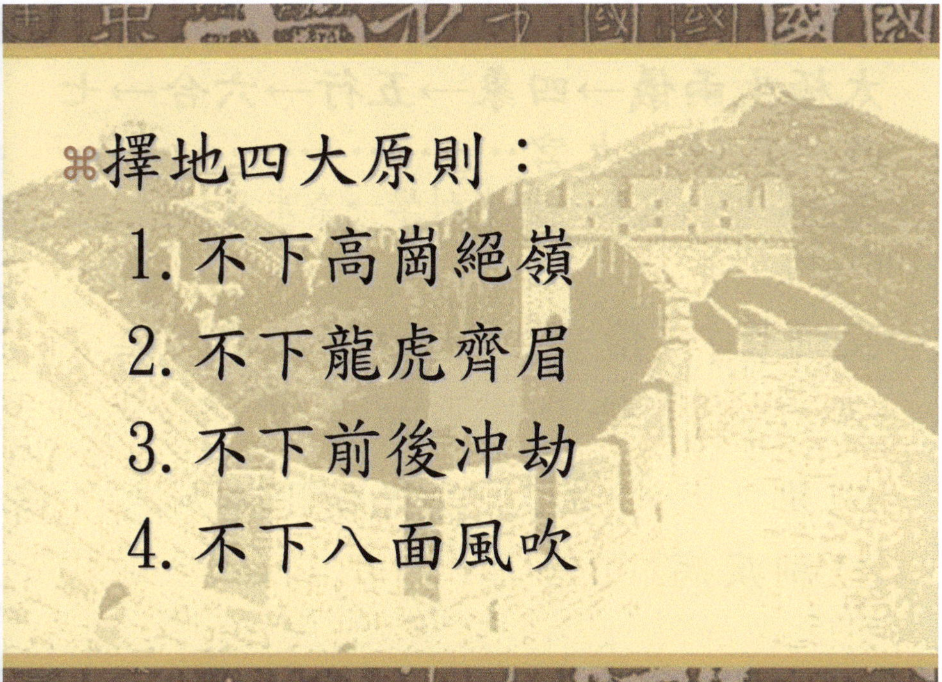
⌘擇地四大原則：
1. 不下高崗絕嶺
2. 不下龍虎齊眉
3. 不下前後沖劫
4. 不下八面風吹

## ⌘九大風水寶地：

1. 沖積扇平原
2. 盆地
3. 依高地而居
4. 依水源而居
5. 綠洲
6. 河階台地
7. 湖中沙丘
8. 二河交會處
9. 海濱住地

**太極生兩儀→四象→五行→六合→七政→八卦→九宮……………………**

蒸氣→電機→電腦→奈米科學→奈米科技

100年內

交通快100倍

武力100萬倍

通訊1000萬倍

控制疾病100倍

人口增加1000倍

資訊處理100萬倍

能源使用增加1000倍

## 山管丁・水管財

- ⌘左有流水
- ⌘右有長道
- ⌘前有汙池
- ⌘後有丘陵

（山）
後崗
玄武

（崗）勢白　　青形（池）
止虎　　龍昂

朱雀
前澗
（草）

**奠基**儀式：人或狗

**置礎**儀式：南面土坑，人牛羊狗跪姿

**安門**儀式：大門前後四座坑執銅戈之跪姿戰士朝大門

**落成**儀式：大門前埋數百群眾及五輛一組的車隊

| | | |
|---|---|---|
| 文昌<br>(4) 巽<br>(木) | 朱雀<br>離(9)<br>(火) | 天醫<br>坤(2)<br>(土) |
| 青(木)(3)<br>龍 震 | (5) | (金) 白<br>兌虎(7) |
| 鬼門<br>(8)艮<br>(土) | (水)<br>坎(1)<br>玄武 | 天門<br>乾(6)<br>(金) |

## 路水相抱財丁旺，反弓無情居無情

- 巒頭：形勢　形象　形法
- 理氣

1. 八宅明鏡
2. 命理
3. 三合
4. 飛星
5. 九星
6. 龍門八大局
7. 玄空大卦
8. 八卦
9. 九星飛泊
10. 奇門
11. 陽宅後天派
12. 二十八星宿消砂法
13. 十二長生祿位

# 觀宅心法

- 遠觀以宅為體　以天地為用
- 近試以坐為體　宅外佈局為用
- 入觀以伏為體　宅內佈局為用
- 內觀以中堂為體　八方佈局為用
- 中觀以人為體　宅和天地為用
- 人觀以心為體　身和宅相為用
- 心觀以神為體　精氣為用

# 三合四局

亥卯未　乾甲丁　貪狼（木）

寅午戌　艮丙辛　廉貞（火）

巳酉丑　巽庚癸　武曲（金）

申子辰　坤壬乙　文曲（水）

# 雙山五行

| | | | |
|---|---|---|---|
| 壬子 | 癸丑 | 艮寅 | 甲卯 |
| 乙辰 | 巽巳 | 丙午 | 丁未 |
| 坤申 | 庚酉 | 辛戌 | 乾亥 |

# 三元地理

## 六爻三才八卦九星

## 如水火既濟

上
五
四
三
二
初

天才：上陰五陽

人才：四陰三陽

地才：二陰初陽

| | | | |
|---|---|---|---|
| 上元 | 一運 | 1864~1883 | 坎 |
| | 二運 | 1884~1903 | 坤 |
| | 三運 | 1904~1923 | 震 |
| 中元 | 四運 | 1924~1943 | 巽 |
| | 五運 | 1944~1963 | |
| | 六運 | 1964~1983 | 乾 |
| 下元 | 七運 | 1984~2003 | 兌 |
| | **八運** | **2004~2023** | **艮** |
| | 九運 | 2024~2043 | 離 |

# 八卦九星

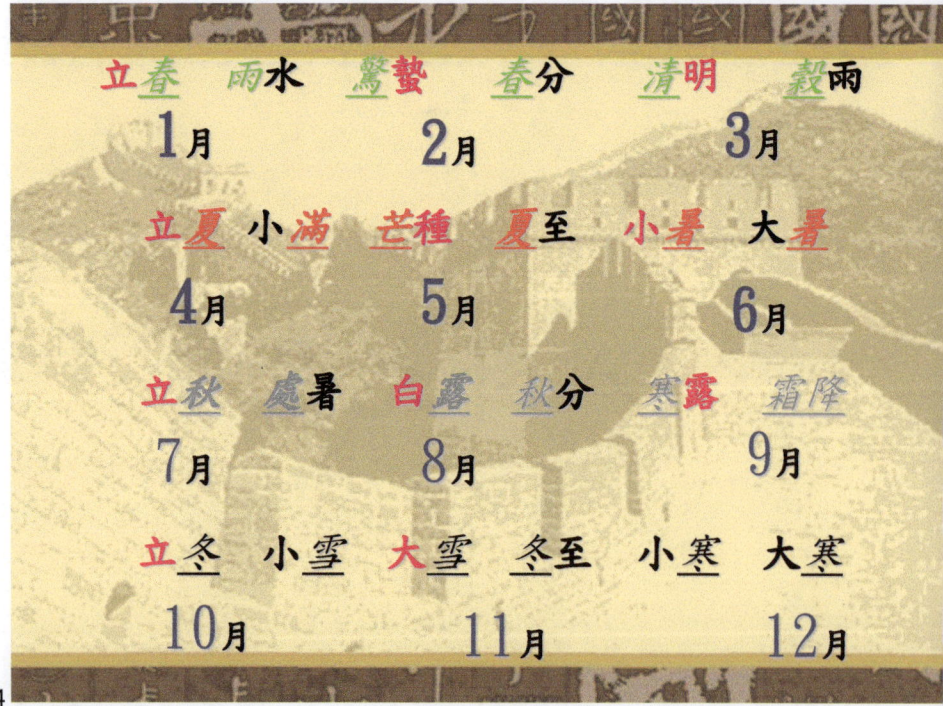

| | | |
|---|---|---|
| 巽 四綠 (文曲) | 離 九紫 (右弼) | 坤 二黑 (巨門) |
| 震 三碧 (祿存) | 中五黃 (廉貞) | 兌 七赤 (破軍) |
| 艮 八白 (左輔) | 坎 一白 (貪狼) | 乾 六白 (武曲) |

立春　雨水　驚蟄　春分　清明　穀雨

1月　2月　3月

立夏　小滿　芒種　夏至　小暑　大暑

4月　5月　6月

立秋　處暑　白露　秋分　寒露　霜降

7月　8月　9月

立冬　小雪　大雪　冬至　小寒　大寒

10月　11月　12月

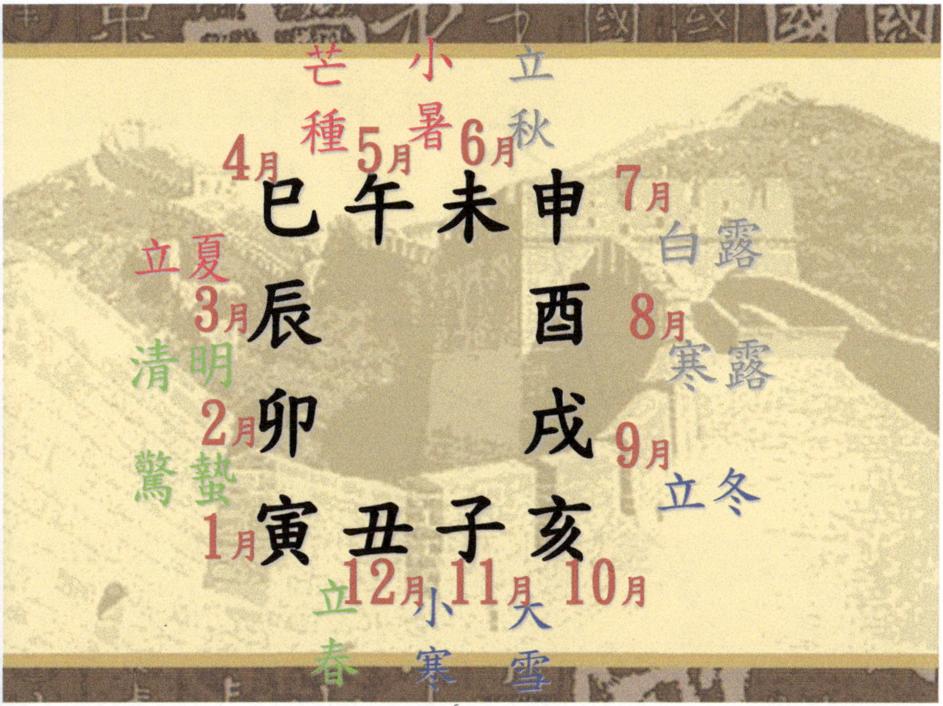
芒種
小暑
立秋
4月
5月
6月
巳午未申
7月
白露
立夏
3月
辰
酉
8月
寒露
清明
2月
卯
戌
9月
驚蟄
立冬
1月
寅丑子亥
12月
11月
10月
立春
小寒
大雪

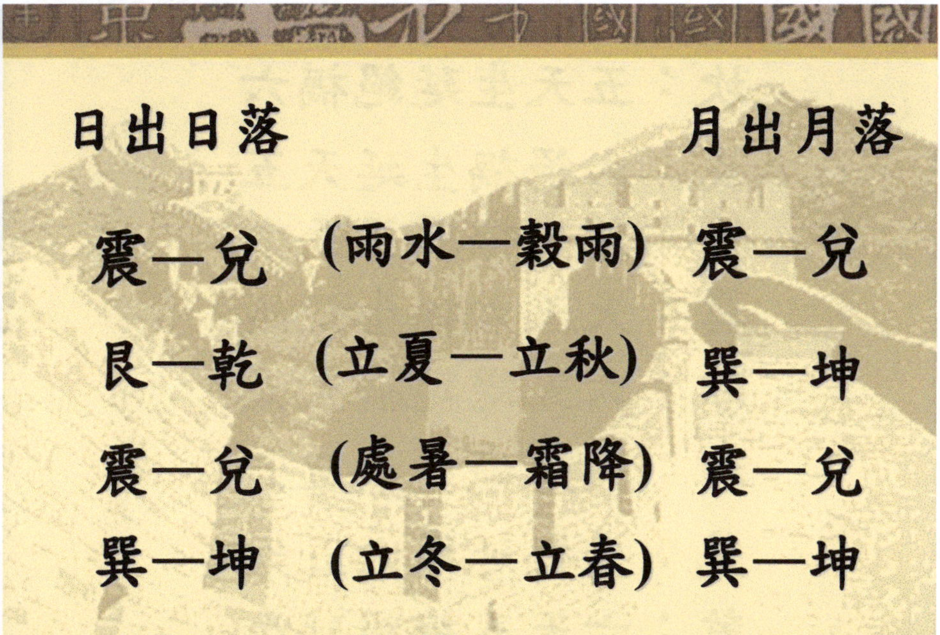
日出日落
月出月落
震—兌 (雨水—穀雨) 震—兌
艮—乾 (立夏—立秋) 巽—坤
震—兌 (處暑—霜降) 震—兌
巽—坤 (立冬—立春) 巽—坤

坎：五天生延絕禍六

艮：六絕禍生延天五

震：延生禍絕五天六

巽：天五六禍生絕延

離：六五絕延禍生天

坤：天延絕生禍五六

兌：生禍延絕六五天

乾：六天五禍絕延生

生氣：財源廣進　名利亨通

延年：社交人際　關係和睦

天醫：身心健康　長壽，貴人

伏位：累積本事　利不動產

絕命：苦悶不安　生心理病

五鬼：作事無功　歪步發財

六煞：桃花，失眠　人口不寧

禍害：官非　口舌　懶散
無端惹禍　意外事件
人緣差

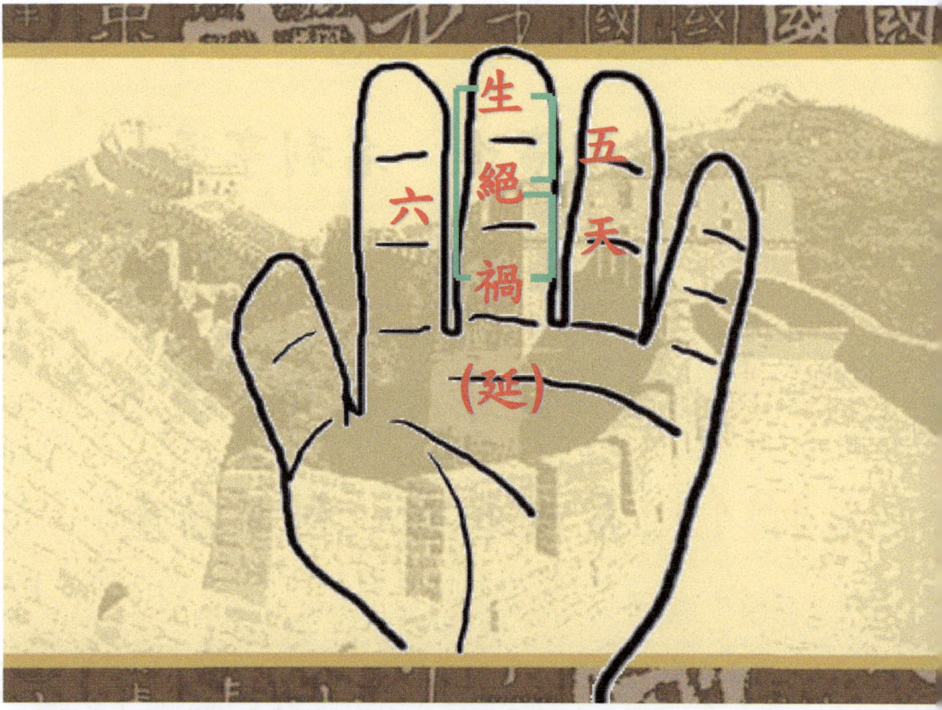
生
絕
禍
(延)
六
五
天

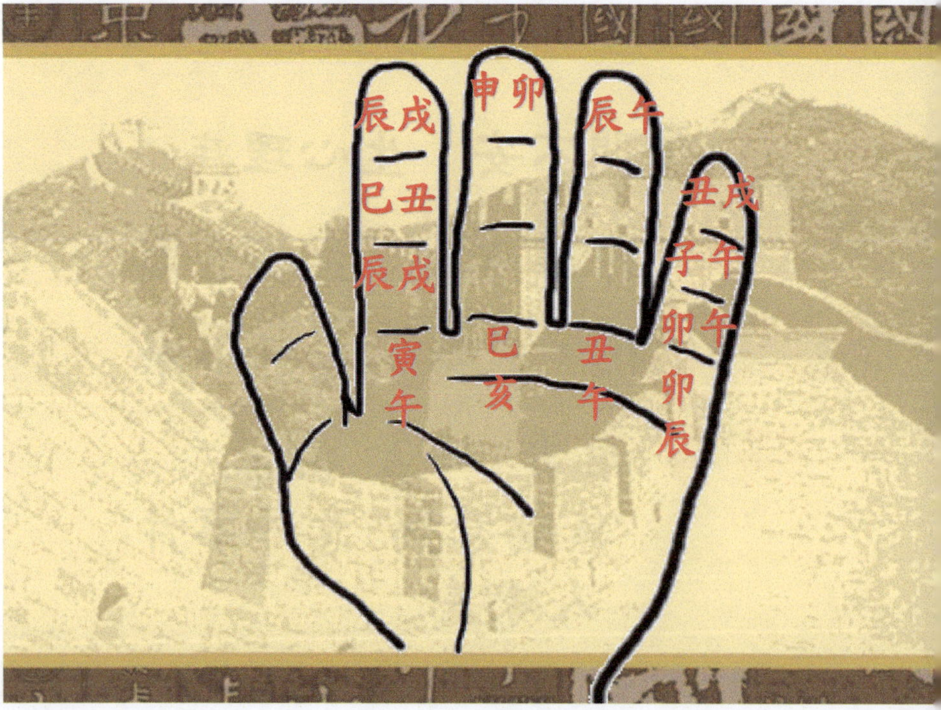
辰戌
申卯
辰午
巳丑
辰戌
丑戌
子午
卯午
寅
午
巳
亥
丑
午
卯
辰

(1)糊塗允諾

(2)一時衝動

(3)莊嚴承擔

讓病魔遠離家人的風水

- 第一項：
- 陽光充足、空氣流通這項是比什麼偏方都還有效，要的是家中的房間，陽光要透的進來，空氣也要能對流，這樣身體自然會健康。

⌘第二項：

⌘枯盆栽、死魚，趕快丟掉如果有盆栽葉子枯了，或者是養魚，魚死了趕快就要丟掉，如果是一隻當然要丟一隻，萬一整缸死了最好不要養了，表示家裡的氣場不對，那養不活魚種不活樹，那是不是這個地方就不要住人

⌘第三項：

⌘不可以沒有陽台現在有很多人陽台都會推出去，但不能夠全部推，如果推了前陽台，後陽台就要留著，在財務來講陽台也是納財的地方，所以是說陽台一定要保留住，不可以說完全沒有。意即保留前後門路。

⌘第四項：

⌘牆壁不可以漏水牆壁漏水我們身體一定潮濕，對身體健康一定不好，或者廁所不可以積水，就是廁所不通或者馬桶不通，這些對我們的身體健康一定有所影響的，那這個趕快修補趕快整理一下。

⌘第五項：

⌘住宅要遠離墳場、醫院、垃圾場因為這地方都是晦氣，空氣不好，沒病也會跑出病來了。

⌘第六項：

⌘床一定要離地也就是睡覺時床一定要離地，不可以直接睡在地板上，要有床架，因為地上會有地氣或者濕氣，會直接上來，影響到身體健康。

⌘第七項：

⌘床頭掛個葫蘆因為葫蘆代表福入，葫蘆是古時候裝藥用的，所以葫蘆掛在床頭代表可以保佑你的身體健康平安，比較不會有吃藥的機會，病魔比較不會過來的意思。

## 買屋秘訣－ 重重剋入 立見消亡 位位生來 立見財喜

生向當運
大門生旺
主房配命
灶位向吉
巒頭無煞

理氣佈局
陰陽相配
動靜合宜
光暗分明
水火分野

真心尊重才能超脫，凡事莊敬一切恭敬

君子既有賢才又卜其居
復順積德，乃享元吉
猶如農夫，既懷善藝
又擇沃土，復加耕耘
乃有盈倉之報耳

人的一生只能活一次
別人替代不了
要透視生命的一次性
不可替代性
要惜福　惜緣　惜情

～能付出多付出
能耕耘多耕耘～

祝

福慧雙修

吉祥如意

# 滴天髓摘要

## 講師:廖尉掬

# 甲

甲 雙木為林
乙 藤籮繫甲
丙 青龍返首
丁 有薪有火
戊 禿山孤木
己 壤土育木
庚 砍木為財
辛 木棍碎片
壬 橫塘柳影
癸 樹根露水

# 乙

| | | | |
|---|---|---|---|
| 甲 | 藤蘿繫甲 | 己 | 壤土培花 |
| 乙 | 伏吟雜草 | 庚 | 白虎猖狂 |
| 丙 | 艷陽麗花 | 辛 | 利剪摧花 |
| 丁 | 火燒草原 | 壬 | 出水芙蓉 |
| 戊 | 鮮花名瓶 | 癸 | 青草朝露 |

# 丙

| | | | |
|---|---|---|---|
| 甲 | 飛鳥跌穴 | 己 | 大地普照 |
| 乙 | 艷陽麗花 | 庚 | 熒惑入白 |
| 丙 | 伏吟洪光 | 辛 | 日月相會 |
| 丁 | 三奇順遂 | 壬 | 江暉相映 |
| 戊 | 月奇得使 | 癸 | 黑雲遮日 |

# 丁

| | | | |
|---|---|---|---|
| 甲 | 有薪有火 | 己 | 星墮勾陳 |
| 乙 | 乾柴烈火 | 庚 | 火煉真金 |
| 丙 | 嫦娥奔月 | 辛 | 燒毀珠玉 |
| 丁 | 兩火為炎 | 壬 | 星奇得使 |
| 戊 | 有火有爐 | 癸 | 朱雀投江 |

# 戊

| | | | |
|---|---|---|---|
| 甲 | 巨石壓木 | 己 | 物以類聚 |
| 乙 | 青龍合靈 | 庚 | 助紂為虐 |
| 丙 | 日出東山 | 辛 | 反吟洩氣 |
| 丁 | 有火有爐 | 壬 | 山明水秀 |
| 戊 | 伏吟峻山 | 癸 | 巖石侵蝕 |

# 己

| | | | |
|---|---|---|---|
| 甲 | 木強土山 | 己 | 伏吟軟弱 |
| 乙 | 野草亂生 | 庚 | 顛倒刑格 |
| 丙 | 大地普照 | 辛 | 濕泥汙玉 |
| 丁 | 朱雀入墓 | 壬 | 己土濁壬 |
| 戊 | 硬軟相配 | 癸 | 玉土為生 |

# 庚

| | | | |
|---|---|---|---|
| 甲 | 伏宮摧殘 | 己 | 官府刑格 |
| 乙 | 白虎猖狂 | 庚 | 兩金相殺 |
| 丙 | 太白入熒 | 辛 | 鐵鎚碎玉 |
| 丁 | 亭亭之格 | 壬 | 得水而清 |
| 戊 | 土多金埋 | 癸 | 寶刀已老 |

# 辛

| | | | |
|---|---|---|---|
| 甲 | 月下松影 | 己 | 入獄自刑 |
| 乙 | 利剪摧花 | 庚 | 白虎出力 |
| 丙 | 干合霸師 | 辛 | 伏吟相剋 |
| 丁 | 火燒珠玉 | 壬 | 淘洗珠玉 |
| 戊 | 反吟被傷 | 癸 | 天牢華蓋 |

# 壬

| | | | |
|---|---|---|---|
| 甲 | 水中柳影 | 己 | 己土濁壬 |
| 乙 | 出水紅蓮 | 庚 | 庚發水源 |
| 丙 | 江暉相映 | 辛 | 淘洗珠玉 |
| 丁 | 合干星奇 | 壬 | 汪洋大海 |
| 戊 | 山明水秀 | 癸 | 天津之洋 |

# 癸

| | | | |
|---|---|---|---|
| 甲 | 楊柳甘露 | 己 | 濕潤玉土 |
| 乙 | 梨花春雨 | 庚 | 反吟侵白 |
| 丙 | 華蓋敗師 | 辛 | 陽衰陰盛 |
| 丁 | 螣蛇妖嬌 | 壬 | 沖天奔地 |
| 戊 | 天乙會合 | 癸 | 伏吟天羅 |

| | 甲 | 乙 | 丙 | 丁 | 戊 | 己 | 庚 | 辛 | 壬 | 癸 |
|---|---|---|---|---|---|---|---|---|---|---|
| 甲 | 吉 | 吉 | 吉 | 吉 | 凶 | 凶 | 凶 | 凶 | 吉 | 吉 |
| 乙 | 吉 | 凶 | 吉 | 凶 | 吉 | 凶 | 凶 | 凶 | 吉 | 凶 |
| 丙 | 吉 | 吉 | 凶 | 吉 | 吉 | 吉 | 凶 | 吉 | 吉 | 凶 |
| 丁 | 吉 | 凶 | 吉 | 吉 | 吉 | 吉 | 吉 | 凶 | 吉 | 凶 |
| 戊 | 凶 | 吉 | 吉 | 吉 | 凶 | 吉 | 凶 | 凶 | 吉 | 吉 |
| 己 | 吉 | 吉 | 吉 | 凶 | 凶 | 凶 | 凶 | 凶 | 凶 | 吉 |
| 庚 | 吉 | 凶 | 凶 | 吉 | 凶 | 凶 | 凶 | 凶 | 吉 | 凶 |
| 辛 | 凶 | 凶 | 吉 | 凶 | 凶 | 凶 | 凶 | 凶 | 吉 | 凶 |
| 壬 | 吉 | 吉 | 吉 | 吉 | 吉 | 凶 | 吉 | 吉 | 凶 | 凶 |
| 癸 | 吉 | 吉 | 凶 | 凶 | 凶 | 吉 | 凶 | 凶 | 吉 | 凶 |

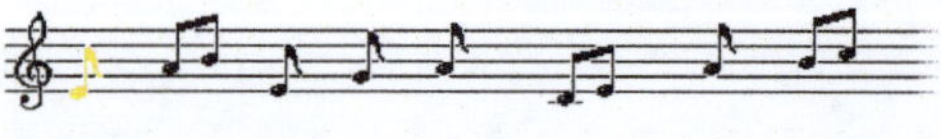

| 日 | 甲 | 乙 | 丙 | 丁 | 戊 | 己 | 庚 | 辛 | 壬 | 癸 |
|---|---|---|---|---|---|---|---|---|---|---|
| 甲 | 吉 | 吉 | 吉 | 吉 | | | | | 吉 | 吉 |
| 乙 | 吉 | | 吉 | | 吉 | | | | 吉 | |
| 丙 | 吉 | 吉 | | 吉 | 吉 | 吉 | | 吉 | 吉 | |
| 丁 | 吉 | | 吉 | 吉 | 吉 | 吉 | 吉 | | 吉 | |
| 戊 | | 吉 | 吉 | 吉 | | 吉 | | | 吉 | 吉 |
| 己 | 吉 | 吉 | 吉 | | | | | | | 吉 |
| 庚 | 吉 | | | 吉 | | | | | 吉 | |
| 辛 | | | 吉 | | | | | | 吉 | |
| 壬 | 吉 | 吉 | 吉 | 吉 | 吉 | | 吉 | 吉 | | |
| 癸 | 吉 | 吉 | | | | 吉 | | | 吉 | |

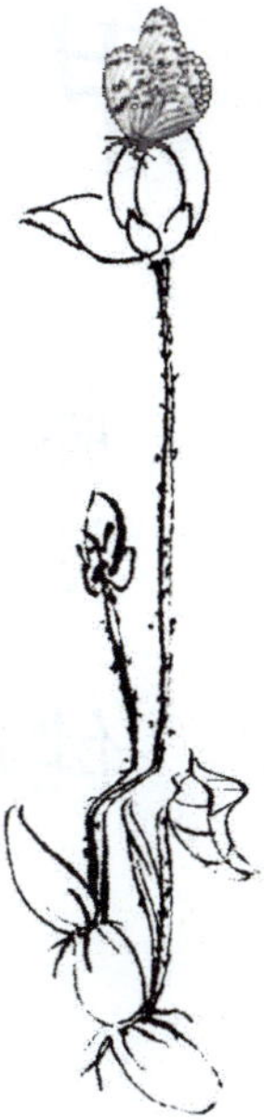

# 甲：甲

雙木為林
森林之象

活動力旺盛

強於所有競爭

## 甲：乙 藤蘿繫甲

藤蘿纏繞
松木之象

健旺之命

## 甲：丙

青龍返首

陽氣全面表露

實力與權威
更為明顯

# 甲：丁

有薪有火

木材燒火之象

學術與藝術之
才能卓越

# 甲：戊

秃山枯木

財富有損
穩定性減少

# 甲：己

壞土育木

受沃土培育之木

富命

# 甲：庚

砍木為材

良好林木之象
有一貫恭奉
主君之志氣

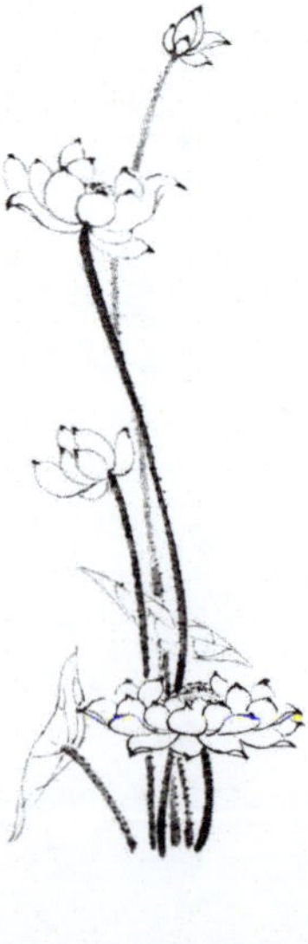

# 甲：辛

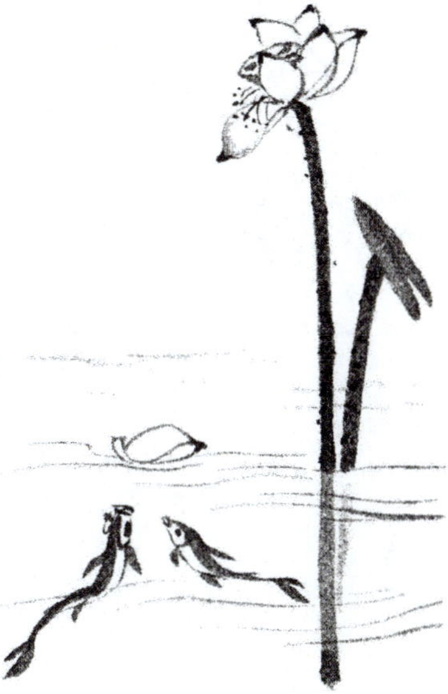

木棍碎片

零零碎碎而一無
用處之木片
不可登上高位

# 甲：壬

橫塘柳影

池塘之柳影

受人歡迎

# 甲:癸

樹根露水

草木淋雨而
新鮮之象
廣受好評
善於處事

# 乙:甲 藤蘿繫甲

藤蘿纏繞
松木之象

有貴人之助力

# 乙：乙

伏吟雜草

無周圍之助力

與兄弟 同事緣薄

# 乙：丙

艷陽麗花
鮮豔之花
受到燦爛陽光
而 炫耀之象

實力得財

# 乙：丁

## 火燒草原

懷才不遇之象

# 乙：戊

## 鮮花名瓶

有鮮艷花紋
之花瓶
靠手腕致富

# 乙:己

壞土培花

受沃土培養之花
在藝術界發揮
經營手腕

# 乙:庚

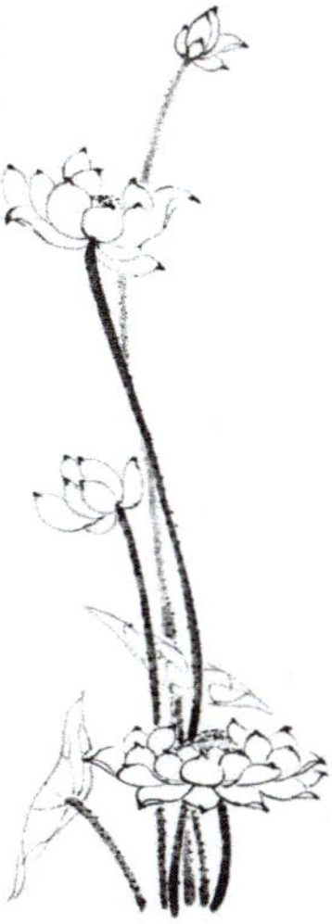

白虎猖狂

白虎狂亂
豫告意外災難

# 乙：辛
## 利剪摧花

以尖銳剪刀剪花一
般不適合投資生意
（上班命）

# 乙：壬
## 出水芙蓉

池蓮浮水上
之象
一躍登上
上流社會

# 乙:癸

## 青草朝露

擅長人際關係
靠他人之
助力發展

# 丙:甲 飛鳥跌穴

意外收穫

一生有
意外幸運隨身

# 丙：乙

## 艷陽麗花

鮮艷之花

受到燦爛陽光
而炫耀之象
得財

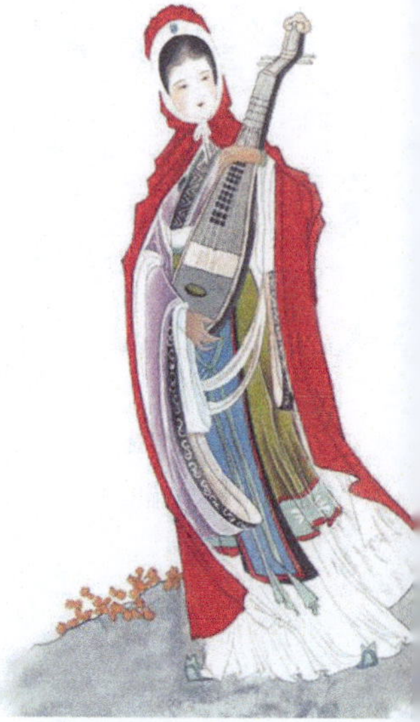

# 丙：丙

## 伏吟洪光

光線太強而變為
混濁之象
不能完全
發揮才能

# 丙：丁

三奇順遂

予以好感
引起親密
感而受寵

# 丙：戊

月奇得使

嗜好成為其職業
福祿較厚

# 丙:己

大地普照

表達能力優秀
在學術　宗教
服務業發揮特長

# 丙:庚

熒惑入白

時常令人討厭
不受歡迎
難登高職位

# 丙:辛

## 日月相會

比本身之實力
與才能更受重視
而可以掌握自己
的利益

# 丙:壬

## 江暉相映

善於忠誠
與服從
故適合於
組織或上班

# 丙:癸

## 黑雲遮日

不適合上班
在組織較難
出人頭地

# 丁:甲 有薪有火

對於事物之解決
頭腦清晰
競爭力高

# 丁：乙

## 乾柴烈火

乾柴處於
猛烈火焰之上
學問難有成就

# 丁：丙

## 嫦娥奔月

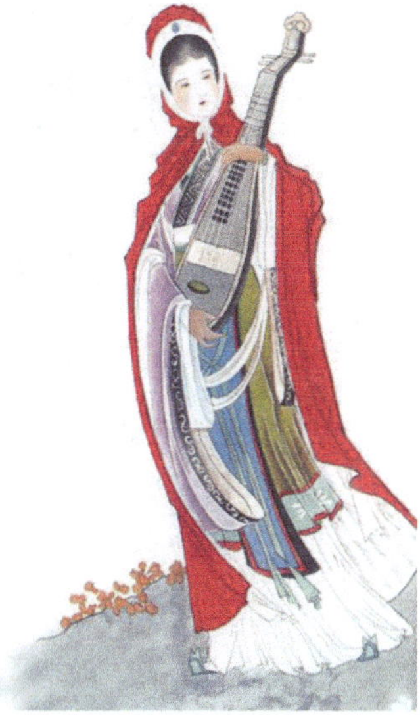

對於逆境之
奮鬥心強
以敏捷行動迅速
取得成果

# 丁：丁

## 兩火為炎

兩支火焰
燃起之象
以快速領先
而取得成功

# 丁：戊

## 有火有爐

充分發揮才能
而取得
大力發展與成功

# 丁:己

## 星墮勾陳

開拓前途時
有所不如意

# 丁:庚

## 火煉真金

充分發揮才能
取得大力
發展與成功

# 丁:辛

## 燒毀珠玉

以火燒珠玉而
受損
不知世情
無可奈何

# 丁:壬

## 星奇得使

有逢善緣之吉象
得上司或
貴人之助力

# 丁:癸
朱雀投江

較不利於
組織生活
升職不順利

# 戊:甲 巨石壓木

無主見
無自己主張

# 戊:乙

## 青龍合靈

多與上司
與長輩之助力
請託可成之吉象

# 戊:丙

## 日出東山

東山再起

# 戊：丁

有火有爐
善於處事或
應對可以
充分發揮才能

# 戊：戊

伏吟峻山

夢想大而無實利
或因太固執而
不受歡迎

# 戊：己

物以類聚

因不顯內心
之柔軟性
而較難與
他人相處

# 戊：庚

助紂為虐

因干擾盛多而
易招損失
一無所得

# 戊：辛
## 反吟洩氣

因干擾盛多而
易招損失
一無所得

# 戊：壬
## 山明水秀

靠智力獲取
大成功
頭腦優秀

# 戊：癸

## 巖石侵蝕

吝嗇無比
因小氣而
難以大成功

# 己：甲 木強土山

克服逆境之力微弱
較容易健康惡化

## 己:乙 野草亂生

對於事業
與處事不太細心
故無幸運隨生

## 己:丙
大地普照

在競爭局面
得到意外助力
而獲得光榮

# 己：丁

朱雀入墓

雖不露於外
但過一陣子
就開始有成果

# 己：戊

軟硬相配

無論公私
因人際關係
圓滿而大成

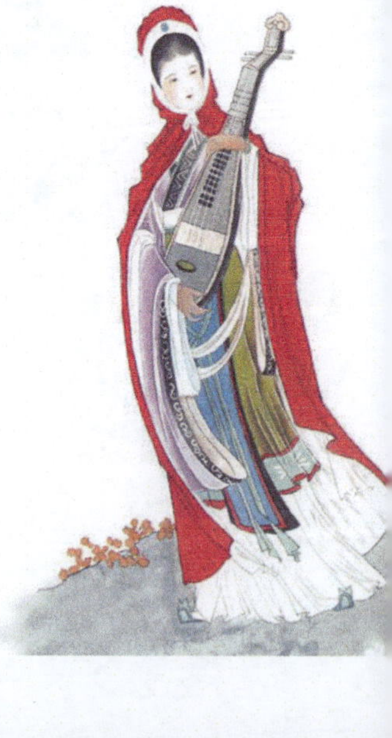

# 己:己

伏吟軟弱

處事多逢障礙
而進展速度
緩慢

# 己:庚

顛倒刑格

因干擾盛多而
易招損失
一無所得

# 己:辛

## 濕泥污玉

因干擾盛多而
易招損失
一無所得

# 己:壬

## 己土濁壬

財運不好
異性緣薄
可能引起
色情問題

## 己:癸

### 玉土為生

沃土更為
濕潤之象
可望成巨富

## 庚:甲

### 伏宮摧殘

摧毀木柴而
成為無用之物
較無實際利益

# 庚:乙

白虎猖狂

白虎狂亂
豫告意外災難

# 庚:丙

太白入熒

不適合上班
較難發揮才能

# 庚：丁

## 亭亭之格

充分發揮才能
而取得大力
發展與成功

# 庚：戊

## 土多金埋

他人之助力
也無甚幫助
實際上
反而為害

# 庚:己

## 官府刑格

他人之助力
也無甚幫助
實際上
反而為害

# 庚:庚

## 兩金相殺

一生必有一次
大受傷之事

## 庚：辛

鐵鎚碎玉

一露其恐怖個性
則易引起
大型災禍

## 庚：壬

得水而清

知識吸收
能力強
盡其才能
而成功

# 庚:癸

## 寶刀已老

寶刀生銹之象
因干擾多
而失敗之類型

# 辛:甲

## 月下松影

零零碎碎而一無用處
之木片
較難有財富上的成就

# 辛：乙

## 利剪摧花

以尖銳剪刀剪花
錢財教容易
快速散失

# 辛：丙

## 合干霸師

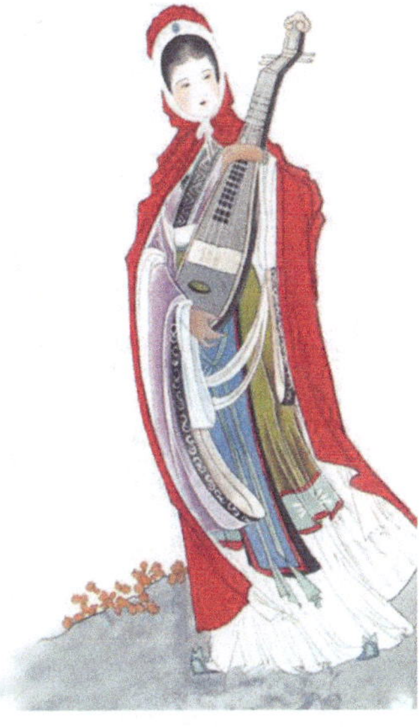

有威嚴
絕無失去
威嚴之事

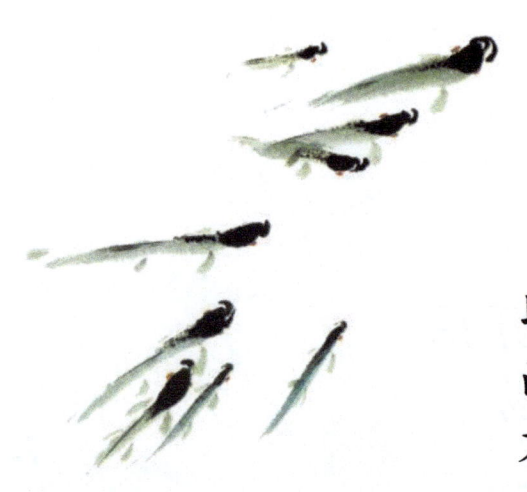

# 辛：丁

## 火燒珠玉

以火燒珠玉
而受損之象
不知世情而
無可奈何

# 辛：戊

## 反吟被傷

他人之助力
也無甚幫助
較無人緣

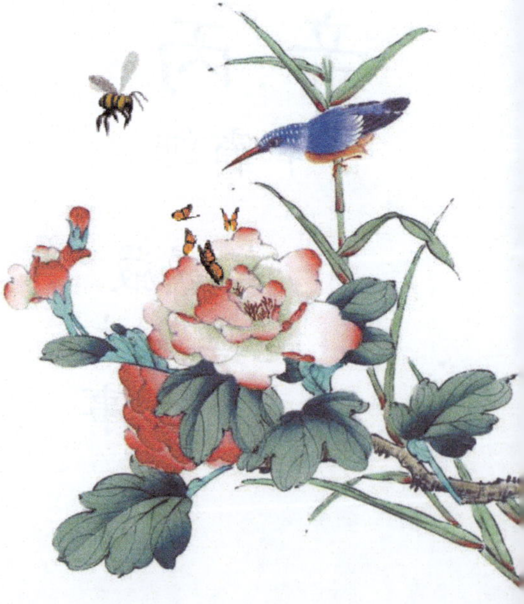

# 辛：己

## 入獄自刑

他人之助力
也無甚幫助
較無人緣

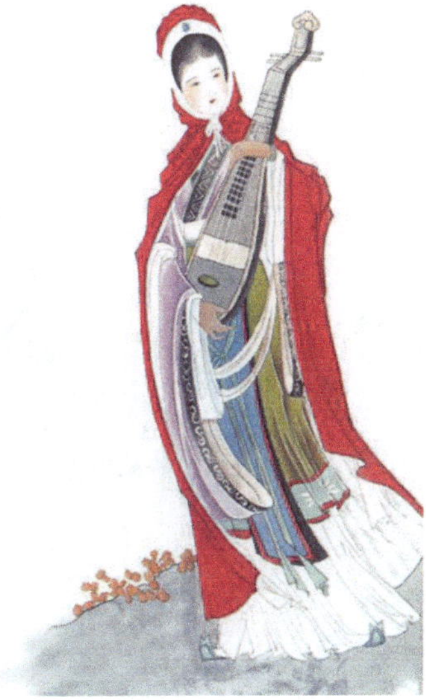

# 辛：庚

## 白虎出力

他人之助力
也無甚幫助
較無人緣

# 辛：辛
伏吟相剋

增添報仇心
很可能表露
其殘暴性

# 辛：壬
淘洗珠玉

充分發揮其才能
特別聰明
諸事順利

# 辛:癸

## 天牢華蓋

才能較難發揮
也不容易受人重視

# 壬:甲

## 水中柳影

非常老實
有充分發揮
才能之幸運

## 壬：乙

出水紅蓮

比本人之實力
更受重視
靠他人之助力
而成功

## 壬：丙

江暉相映

運強並有
一獲千金之
福祿

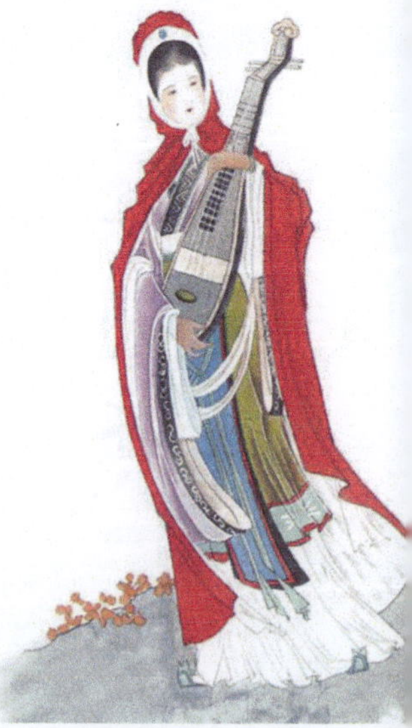

# 壬:丁

## 合干星奇

有利於錢財之積
蓄因性格圓滿
而受人歡迎

# 壬:戊

## 山明水秀

以上班族
成功之命
有利於組織
生活
具領導力

## 壬：己

己土濁壬

財運不好
異性緣薄
可能引起
色情問題

## 壬：庚

庚發水源

逢多方助力而
大成之命
創造能力與
策劃能力卓越

# 王:辛

淘洗珠玉

聰明
發揮其才能
而學業優秀

# 王:王

汪洋大海
水波蕩漾
茫茫大海之象
任何事都因
太過分而挫敗

# 壬：癸

## 天津之洋

競爭能力強
諸事順利

# 癸：甲

## 楊枝甘露

表達能力卓越
智能高
才能受到重視

# 癸：乙

梨花春雨

不能充分發揮
實力與才能

# 癸：丙

華蓋敗師

錢財不容易
積蓄
常招損失

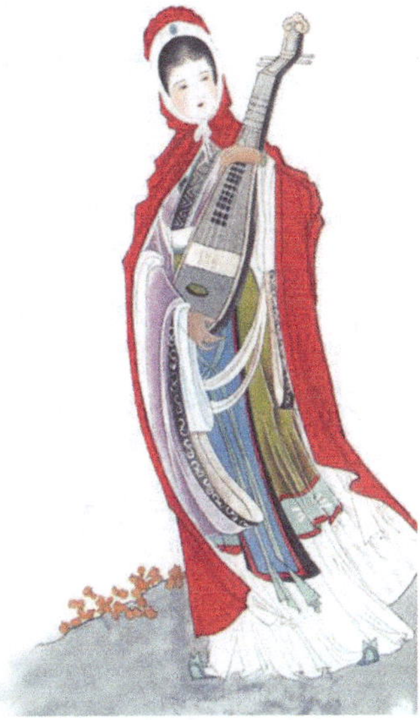

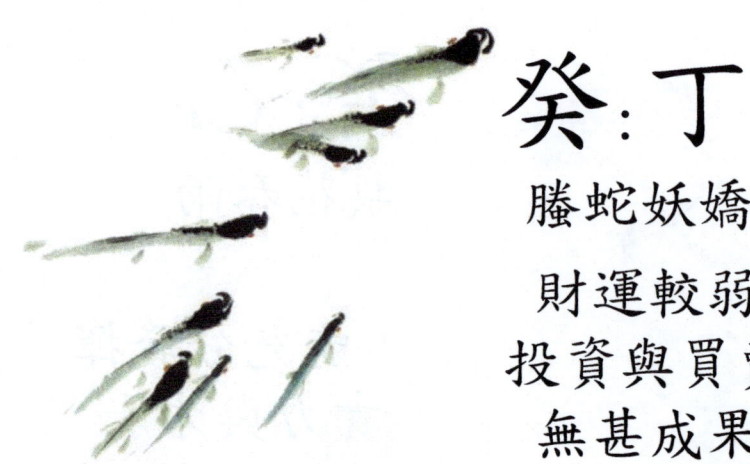

## 癸：丁

騰蛇妖嬌

財運較弱
投資與買賣
無甚成果

## 癸：戊

天乙會合

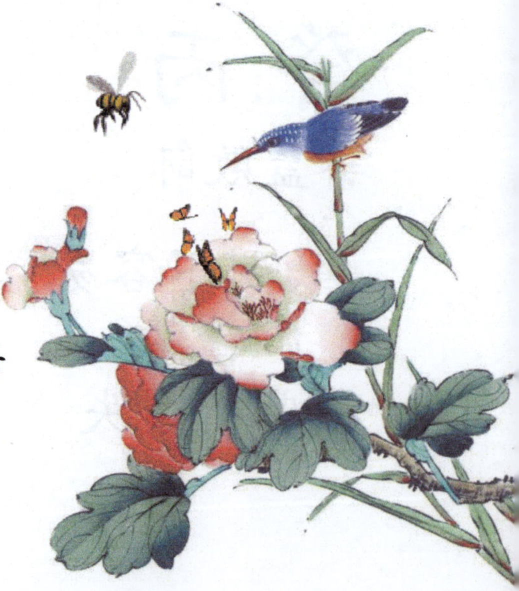

以上班族
成功之命
有利於組織生活
並具領導力

# 癸:己

濕潤玉石

適合上班生活
宜於公家
或大型企業

# 癸:庚

反吟侵白

難望父母
或長輩之助力
白手起家之命

# 癸:辛

陽衰陰盛

難望父母
或長輩之助力
白手起家之命

# 癸:壬

沖天奔地

鲁莽猛進而
挫敗之象
健康或錢財
方面受打擊

# 癸:癸

## 伏吟天羅

臨事多逢障礙
因而進展速度緩慢

察言觀色論五行

- 名：眉
- 職：鼻
- 祿：口
- 俊：目

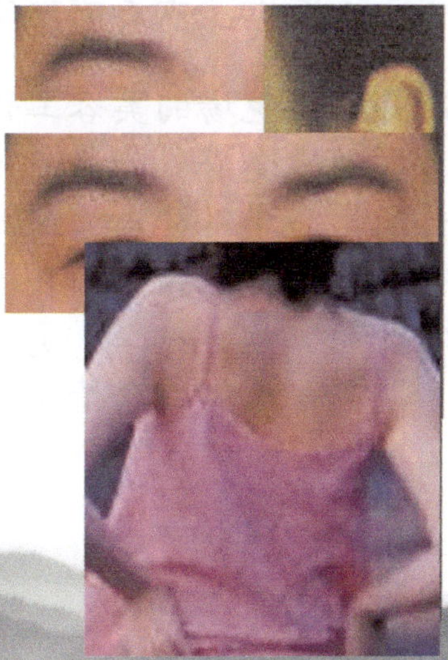

- 壽：耳
- 貴：額
- 福：背
- 富：腹

# 後記

走入易經學習，來自本人對中國文學的熱愛與執著，自小我就偏愛詩詞歌賦，對中國古文研究，有不同世俗的體會與領悟。

本人畢業於山野藝術大學，曾是亞洲盃美容美髮美甲比賽台灣區的裁判，有一張甲級美容師執照。也曾在大阪小林研究所求學，指導教授小林靖和先生。

唯恐應世不足，再考取上海復旦大學教育系，因為送的論文是「明道易經」，就多修了哲學系，指導者：鄭聰達教授。2010/3/18~2014/7/22

從姓名學的各種學派的整理及印證，再導入測字學，研究了中國繁體字的起源與造字的根本：象形，形聲，會意，指事，轉注，假借等六書的探索。

因為從事現場的美容工作，直接面對人的肌膚與容貌，所以，真實的感受膚質的質地，緊實，厚薄，瞭解了面相學。要應用世間怕所學不夠，才深入研究陽宅風水學，親近多位教授，輾轉學習易經相關的科學解釋，從農作物生長，植物能量，礦物的質量，光學，電學，配合命理八字的認知服務社會大眾，期許自己能為悲情的世間，做真情的付出！

祝福大家：

天時順吉祥如意！

地利順財源廣進！

人和順心想事成！

國家書館出版品預行編目資料

| |
|---|
| **彩色圖解命理大全**　廖尉掬／著 |
| 大元書局，2025.04　初版. 台北市 |
| 304面； 21╳14.7公分.----(命理叢書：1139) |
| ISBN 978-626-99282-2-4 （平裝） |
| 1. CST: 命書 |
| 293.1　　　　　　114003854 |

命理叢書1139

**彩色圖解命理大全**

作者／廖尉掬
出版／大元書局
發行人／顏國民
地址／10851台北市萬華區南寧路35號1樓
電話／（02）23087171，傳真：(02)23080055
郵政劃撥帳號19634769大元書局
網址／www.life16888.com.tw
E-mail／aia.w168@msa.hinet.net
ID:aia.w16888
總經銷／旭昇圖書有限公司
地址／235新北市中和區中山路二段352號2樓
電話／(02)22451480　傳真／(02)22451479
定價／800元
初版／2025年4月
ISBN 978-626-99282-2-4　(平裝)　